# 言い訳してる場合か！

――脱・もう遅いかも症候群

昭和女子大学理事長・総長
坂東眞理子

# はじめに　～50歳から先の人生をどう生きるか～

１９６６年は、60年に一度の丙午《ひのえうま》でした。丙午の年に生まれた女の子は、「元気がよすぎて夫の命を縮める」という迷信に心をいためて、出産を避けたカップルが多く、その年１９６６年に生まれた女の子は、１３６万９７４人と前年を46万人下回り、次の年は、１９３万５６４７人と57万人も増えました。その迷信に振り回された丙午の女の子たちは、２０１７年に51歳になりました。彼女たちは、これからどういう人生を生きていくのでしょうか。

人生90年時代が現実となっています。次は100年時代とも叫ばれる中で、私たちの年齢観、人生観は、少し古過ぎるのではないでしょうか。２０２０年には女性の半数が、50歳以上と予測されています。現実が変わっていても、人間の感覚はちょっとやそっとでは変わらないようです。

だからこそ今、私は声を大にして言いたいのです。「イマドキの50歳は若い、前途洋々」と。50歳は人生の折り返し地点、残りは40〜50年もあります。問題は物理的な年齢ではなく、健康寿命でもなく、意識です。年齢観です。マインドセットです。

『LIFE SHIFT（ライフ・シフト）』（リンダ・グラットンほか　東洋経済新報社）という本では、2007年生まれの日本人は、107歳まで生きると予言されています。でもまだ多くの女性は、人生50年時代の年齢観にとらわれています。大学4年生の女子学生は「最近の若い子の感覚はわからない」といい、30歳の独身女子社員は「もうかわいくない、若くない私」と焦り、40歳の女性たちは「私の人生は見えた」と思っています。

なぜでしょうか。日本人に最も人気のある歴史上の人物のひとり、織田信長は「人生50年、下天のうちを比ぶれば夢幻の如くなり」と愛唱していたとおり、49歳で本能寺で倒れました。また明治の文豪、夏目漱石も49歳で亡くなっているので、そうした年齢観が影響しているのでしょう。

私たち女性は長い間、女性は若ければ若いほど魅力的だ、若ければ若いほど価値があると思い込んできました。若いと誰にとって魅力的か。もちろん言うまでもなく男性にとってです。しかも今までの日本社会では、中高年の男性、つまりオジサンが権力も発言権も有していましたから、オジサンに気に入られることは女性にとって非常に重要でした。

「女性の顔は請求書、男性の顔は履歴書」という名言（！）を言ったのは大宅壮一というオジサン・ジャーナリストです。女性が美人で、そして若ければ市場価値が高いということです。それに対して私は、「そうかな？」と、長い間もやもやしていました。

女性の顔だって履歴書です。私の場合、10代より、20代、そして40代、50代のほうがずーっと人間として成長してきましたし、職業人として、社会人として力をつけてきたと思います。そうしたことが顔に表れているはずです。

年を重ねたからといって、自分を卑下するのはやめたいと思っています。もちろん肌のハリや、贅肉のついていない姿態など、外見だけで見ると、若いほうが圧倒的に優れているでしょう。しかし、年を重ねると知識や人脈が広がるだけでなく、経験から学んだ知恵や寛容さも備わって、人間として総合力が上がっているはずです（と思いたい。思いましょう）。

そして40代、50代は体力も気力もまだまだ衰えていません。私は40代の女性を見て、「まだまだ未熟だけど、これからに期待しよう」と思ってしまいます。ごめんなさい、本人はたいてい自分のことを立派な大人だと思っているのに。

年齢を理由に、「あそこが悪い」「ここの調子が出ない」と言っている人には、「しっかりせい！」と、カツを入れたくなります。そして、「いまさら何かを始めるには遅すぎる」と言い訳をしている人を見ると、「いい加減にせい！」と言いたくなります。21世紀は、人類が今まで経験したこともないような変化が、どんどん始まります。新しい経済活動や社会活動、文化活動が始まります。今まで中心にいなかった人が、変化を担います。その担い手は若い人だけではありません。いろんな経験を積み、そして新しい視点で物事を見ることのできる50代以上の女性が、新しい人材として活躍できるようになるはずです。

「もうついていけない」「私はダメだ」と諦めないで、「これから、これから。さあ、新しいステージが始まる」と、マインドセットを変えていきましょう。

# 目次

はじめに　～50歳から先の人生をどう生きるか～…2
現在アラフィフの女性たちが生きてきた時代を見てみよう…11

## 第1章　「もう遅すぎる」と諦めているあなたへ…17

**アラフィフ世代の未来を覗き見　データ　その①…18**
50代はゴールデンエイジ　50歳は新しい人生の始まりです…19
子育てが一段落したら　母親業からの卒業宣言…23
起こってもいない未来を　言い訳にしない…27
「何をいまさら」という　言い訳人生にさよならする…31
外に踏み出す準備　さあ、窓を開けよう！…34
Message…40

## 第2章 「ライフシフト」時代を生きる 脱・もう遅いかも症候群宣言…41

**アラフィフ世代の未来を覗き見 データ その②**…42
ライフシフト時代の到来 「無形資産」をつくろう…43
若さを保つ秘訣は 好奇心を持ち続けること…48
「活力資産」 健康こそすべての基本…52
生き生きと生きるエネルギー 「活力資産」を増大させよう…57
まずやるべきことは 家庭・家事の再構築…60
これからのビジネスに 欠かせないのは「生産性資産」…63
「変身資産」となる ソフト・ネットワークづくり…68
まだまだ女盛り 50代の「見た目資産」とは…72
Message…76

## 第3章　ようこそ、アラフィフブートキャンプへ…77


**アラフィフ世代の未来を覗き見　データ　その③…78**

自分のキャリアを　チェックしよう…79

50代に身につけてほしい　手紙を書く習慣…89

50代からの　情報リテラシー入門…92

日本語力を磨くには　読書と新聞が最適…94

親の背中を見せる　50歳の英検チャレンジ…96

50代大学デビュー　という選択…100

女性が活躍できる企業と　働き方とは…106

新しい職場で　適応するための心がまえ…112

古巣で気持ちよく　仕事を続けるための極意…116

お局様ではなく　話しやすい先輩を目指す…122

これから求められる　新しい教養とは…125

Message…130

## 第4章　さあ新しいステージへ　出発の時です…131

**アラフィフ世代の未来を覗き見　データ　その④…132**
未練を捨てて　新しいステージへ…133
親の介護が心配というのを　言い訳にしない…136
妻の再スタートを阻む　夫の濡れ落ち葉症候群…139
新しいステージに入る　母娘の関係…142
人生の後半　50代からの男友だち・恋愛…146
無理せず付き合える　50代からの女友だち…150
過ぎた不幸を嘆かない　さらば！　たら・れば…153
自分らしく　ひとりで生きる覚悟…158
50歳から　再出発した先輩に学ぶ…164
Message…168

## 第5章　アラフィフの人生を変えるマインドセット…169


アラフィフ世代の未来を覗き見　データ　その⑤…170
加齢と闘わない　脱・アンチエイジング…171
「アイデンティティ」について　考える…175
50代は難しい　お年頃?…178
働き続けてきた　あなたへ…181
50代の自分探し　自己認識の再構築…185
「定年女子」への　再キャリアのススメ…191
50歳からの政治参加のススメ　コア市民になる!…195
人は人、自分は自分　心の断捨離®…200
前向きにとらえ　自分の選択を後悔しない…205
これからの人生を　自信を持って生きる方法…208
Message…212
あとがき…214



**Staff**
編集：酒井範子（メディア・ビュー）
装丁：澤田かおり（トシキ・ファーブル）
DTP & デザイン：石井ちづる
カバー 本文扉 イラスト：のだよしこ
年表イラスト：松元まり子

# 現在アラフィフの女性たちが生きてきた時代を見てみよう

| 西暦（年） | 昭和 | 事件・できごと | ブーム・新商品 |
|---|---|---|---|
| '64 | 39 | 東京オリンピック開会／東海道新幹線開通 | |
| '65 | 40 | ベトナム戦争 | 日本初カラーテレビアニメ「ジャングル大帝」（フジテレビ）放送 |
| '66 | 41 | 日本の総人口が1億人突破／丙午年で出生が前年度より40万人以上減少 | ビートルズ来日 |
| '67 | 42 | | 「チョコボール」（森永製菓）発売／「リカちゃん」（タカラ）発売 |
| '68 | 43 | 川端康成が日本人初ノーベル文学賞受賞／3億円強奪事件 | レトルト食品「ボンカレー」（大塚製薬）発売 |
| '69 | 44 | アポロ11号が人類初の月面有人着陸 | 「サザエさん」（フジテレビ）放送／「8時だョ！全員集合」（TBS）放送 |
| '70 | 45 | 大阪万博／よど号事件／三島由紀夫割腹自決 | 『an・an』（マガジンハウス）創刊 |
| '71 | 46 | | 『non・no』（集英社）創刊／「マクドナルド1号店」が銀座にオープン |
| '72 | 47 | 沖縄返還 | |

この頃誕生!!（'64〜'72）

| 西暦(年) | 昭和 | | 事件・できごと | ブーム・新商品 |
|---|---|---|---|---|
| '73 | 48 | 小学校へ入学 | 金大中氏事件／江崎玲於奈がノーベル物理学賞受賞／オイルショック | 「オセロ」（ツクダ）発売。ブームに |
| '74 | 49 | | 佐藤栄作前首相ノーベル平和賞受賞 | 「モンチッチ」（セキグチ）発売 |
| '75 | 50 | | 第1回世界女性会議、世界行動計画採択／ベトナム戦争終結／女子世界初登山隊の田部井淳子がエベレスト登頂 | 「およげ！たいやきくん」大ヒット |
| '76 | 51 | | ロッキード事件／モントリオールオリンピック開催 | |
| '77 | 52 | | 青酸コーラ無差別殺人事件／日本航空機ハイジャック事件 | 王貞治がベーブ・ルースの本塁打記録を抜く |
| '78 | 53 | | 植村直己が犬ぞりで単独北極点に到達 | キャンディーズ解散／アーケードゲーム「スペースインベーダー」が大ブーム |
| '79 | 54 | | 国公立大学共通1次試験実施／先進国首脳会議「東京サミット」開催／国連で女子差別撤廃条約採択 | 「ウォークマン」（ソニー）発売 |
| '80 | 55 | | モスクワオリンピック 日本不参加／ジョン・レノン射殺 | 「ルービックキューブ」（ツクダ）発売 |
| '81 | 56 | 中高校生時代 | 福井謙一がノーベル化学賞を受賞 | 寺尾聰「ルビーの指環」大ヒット／黒柳徹子『窓ぎわのトットちゃん』ベストセラーに |

| 年 | 和暦 | 出来事 | 文化・流行 |
| --- | --- | --- | --- |
| '82 | 57 | ホテル・ニュージャパン火災／羽田沖日航機墜落事故 | 『オリーブ』（マガジンハウス）創刊 |
| '83 | 58 | | 「ファミリーコンピュータ」（任天堂）発売／東京ディズニーランド開園 |
| '84 | 59 | グリコ・森永事件／日本が「世界一の長寿国（女79.78歳、男74.2歳）」に | DCブランドが流行<br>ハウスマヌカンが憧れの職業に |
| '85 | 60 | 男女雇用機会均等法成立／御巣鷹山日航機墜落事故／G5プラザ合意で、ドル急落円高へ | ゲーム「スーパーマリオブラザーズ」（任天堂）発売 |
| '86 | 61 | ハレー彗星76年ぶりに接近／伊豆大島三原山大噴火 全島民離脱 | 「写ルンです」（富士フイルム）発売／バブル景気始まる |
| '87 | 62 | 国鉄が分割民営化 JR発足／GNP日本が世界第1位／利根川進がノーベル医学・生理学賞受賞 | ボディコンがブーム |
| '88 | 63 | 青函トンネル開通／リクルート事件 | 「ドラゴンクエストⅢ」（エニックス）が人気に／『Hanako』（マガジンハウス）創刊 |
| '89 | 平成元年 | 昭和天皇崩御 元号が「平成」に／消費税3％導入／中国・天安門事件／連続幼女誘拐殺人事件、宮崎勤逮捕／ベルリンの壁崩壊・東西冷戦終結 | 「イカすバンド天国」（TBS）放送 |
| '90 | 2 | 雲仙普賢岳噴火 | ザ・ローリングストーンズ初来日／二谷友里恵『愛される理由』（朝日新聞社）ベストセラー |

キャンパスライフ（'82〜'88）

バブル景気の絶頂期（'88）

| 西暦（年） | 平成 | 事件・できごと | ブーム・新商品 |
| --- | --- | --- | --- |
| '91 | 3 | バブル景気崩壊<br>湾岸戦争勃発 | ディスコ「ジュリアナ東京」ブーム／宮沢りえヌード写真集『Santa fe』（朝日新聞社）発売 |
| '92 | 4 | 横綱千代の富士が引退／日本人初の宇宙飛行士、毛利衛がエンデバーに搭乗 | 女子高校生の間で「ポケベル」がブームに |
| '93 | 5 | 就職氷河期<br>土井たか子が女性初の衆議院議長に就任 | 曙が外国人初の横綱に昇進 |
| '94 | 6 | 松本サリン事件／日本女性初の宇宙飛行士・向井千秋がコロンビアに搭乗／大江健三郎がノーベル文学賞受賞 | 「ルーズソックス」が大流行 |
| '95 | 7 | 30代に突入!!<br>阪神・淡路大震災／オウム真理教地下鉄サリン事件 | 「ウインドウズ95」（マイクロソフト）発売 |
| '96 | 8 | | ゲームボーイ用ソフト「ポケットモンスター」（任天堂）発売 |
| '97 | 9 | 酒鬼薔薇事件／山一証券が自主廃業 | |
| '98 | 10 | 長野オリンピック開催／和歌山毒入りカレー事件 | 「iMac」（アップル）が大人気に |
| '99 | 11 | | 『ハリー・ポッターと賢者の石』日本発売 |

| 年 | 年齢 | 出来事 | 文化・話題 |
|---|---|---|---|
| '00 | 12 | 介護保険制度／三宅島噴火／シドニーオリンピック開催 | 「ユニクロ」が人気に／高橋尚子が金メダル |
| '01 | 13 | 米同時多発テロが発生 | 「Suica」など電子マネーサービスが始まる |
| '02 | 14 | ユーロ流通開始／完全失業率が5％台と過去最高に | 「千と千尋の神隠し」米アカデミー賞長編アニメーション映画賞を獲得／「冬のソナタ」（NHK）をきっかけに韓流ブームに |
| '03 | 15 | イラク戦争／日本郵政公社発足／個人情報保護法成立 | |
| '04 | 16 | | |
| '05 | 17 | JR福知山線脱線事故／愛知万博開催 | |
| '06 | 18 | トリノオリンピック開催／日本の65歳以上の老齢人口が世界最高 | 荒川静香が金メダル |
| '07 | 19 | | 「iPhone」発売／坂東眞理子『女性の品格』（PHP新書）がベストセラーに |
| '08 | 20 | リーマンショック | Twitter日本語版スタート |
| '09 | 21 | 日本のこどもの貧困率が15・7％／マイケル・ジャクソン死去 | 映画「おくりびと」がアカデミー賞外国語映画賞を受賞 |
| '10 | 22 | | Instagram日本語版スタート／惑星探知機「はやぶさ」帰還 |

アラフォーと呼ばれ始め

ゆとり教育スタート

そろそろ アラフォー

人生あと何十年!?

| 西暦(年) | 平成 | 事件・できごと | ブーム・新商品 |
|---|---|---|---|
| '11 | 23 | 東日本大震災 | |
| '12 | 24 | 山中伸弥がノーベル生理学・医学賞を受賞 | 東京スカイツリー開業／日本で金環日食観測 |
| '13 | 25 | | 富士山が世界文化遺産に決定 |
| '14 | 26 | 御嶽山噴火／ソチオリンピック開催 | 羽生結弦が金メダル |
| '15 | 27 | マイナンバー制度がスタート／男性の生涯未婚率24・2%、女性14・9%に | お笑いタレント又吉直樹が『火花』（文藝春秋）で芥川賞受賞／ラグビーW杯、日本は3勝の歴史的快挙 |
| '16 | 28 | 熊本地震発生／小池百合子が女性初の東京都知事に／リオオリンピック開催／出生数が97万6979人 | リオオリンピックで最多のメダル獲得／SMAP解散 |
| '17 | 29 | | 安室奈美恵が引退を発表 |
| '20 | | 女性の2人に1人が50歳以上に／東京オリンピック開催 | |
| '25 | | 団塊世代が75歳以上となり人口の3人に1人が65歳以上 | |
| '30 | | 総人口で65歳以上が占める割合が31・6%超 | |

アラフィフ　そろそろ次のステップへ…

超高齢社会に！

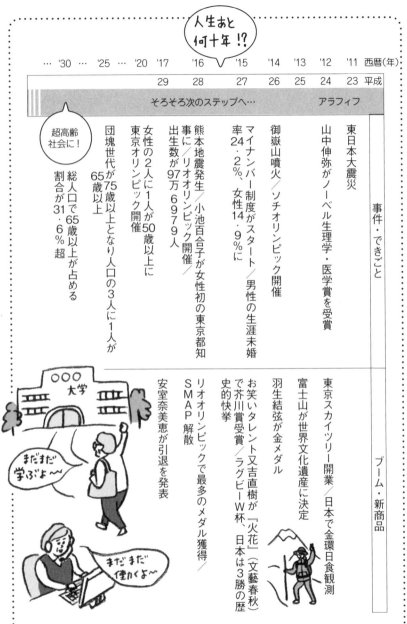

# 第1章

# 「もう遅すぎる」と諦めているあなたへ

# アラフィフ世代の未来を覗き見　データその1

## 平均寿命の推移と将来推計

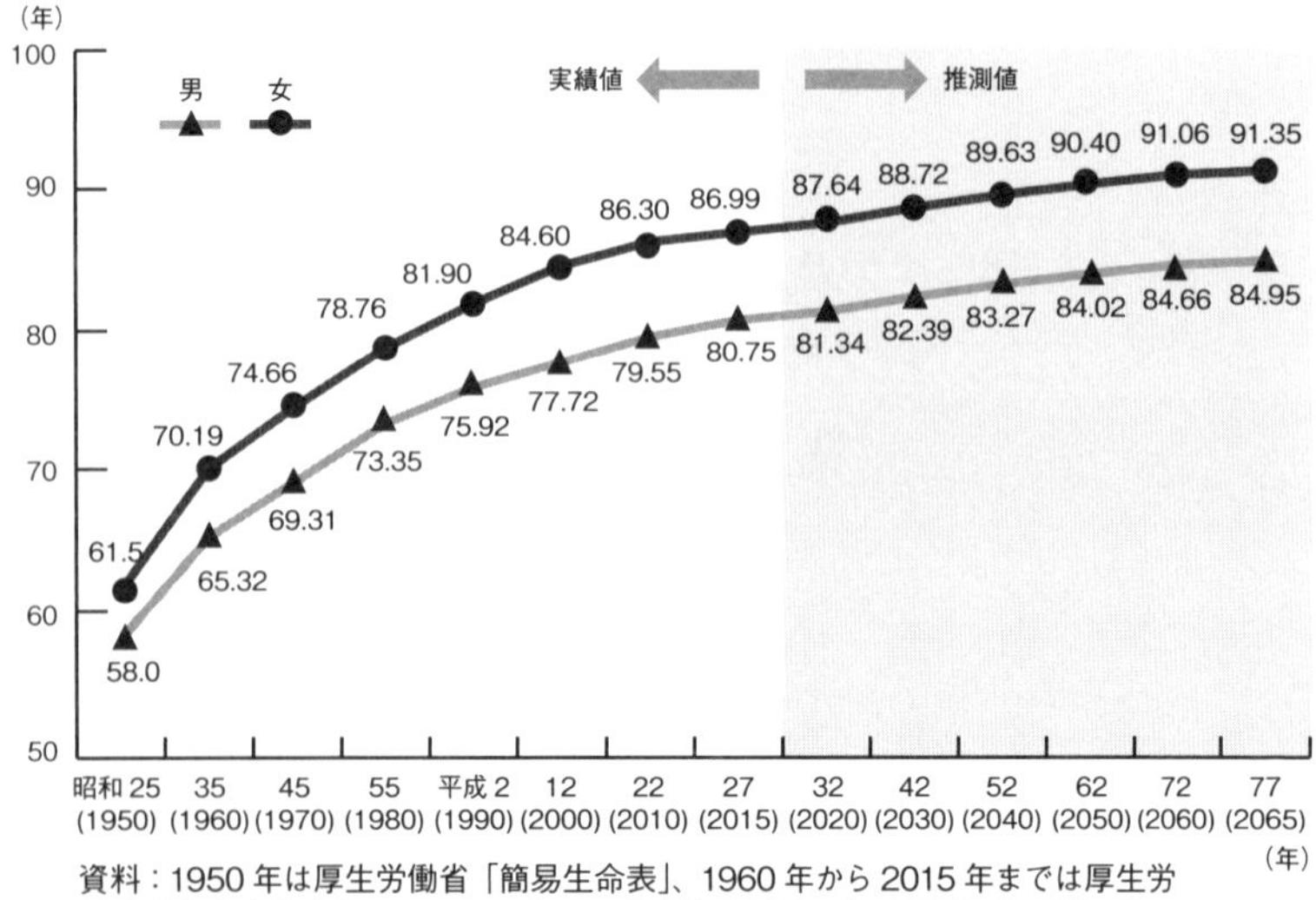


資料：1950年は厚生労働省「簡易生命表」、1960年から2015年までは厚生労働省「完全生命表」、2020年以降は、国立社会保障・人口問題研究所「日本の将来推計人口（平成29年推計）」の出生中位・死亡中位仮定による推計結果
（注）1970年以前は沖縄県を除く値。0歳の平均余命が「平均寿命」。

残り時間はとても長い!?

## アラフィフ世代の残り時間

（単位：年）

| 年齢 | 男 | | | 女 | | |
|---|---|---|---|---|---|---|
| | 平成28年 | 平成27年 | 前年との差 | 平成28年 | 平成27年 | 前年との差 |
| 45 | 37.20 | 37.01 | 0.19 | 42.98 | 42.83 | 0.15 |
| 50 | 32.54 | 32.36 | 0.18 | 38.21 | 38.07 | 0.14 |
| 55 | 28.02 | 27.85 | 0.17 | 33.53 | 33.38 | 0.15 |

注：平成27年は完全生命表による。
出典：内閣府『平成29年度版　高齢社会白書」

# 50代はゴールデンエイジ 50歳は新しい人生の始まりです

50歳の女性の人生の残り時間は、平均で約38年と言うと驚くでしょうか。

50歳まで生きてきたあなたは、乳幼児の時に死ぬリスクも、自殺したり事故にあったりするリスクも、先天性の心臓や内臓の病気などで亡くなるリスクも乗り越えてきています。

でも50歳の女性は、自分の人生がまだ38年続くと聞いても、その長さがピンとこないのではないでしょうか。たいていの人は、もう50歳からの人生は下り坂。更年期になればつらいらしい、女性としての魅力も失われていく、収入も減り、子どもたちも離れていく…、とネガティブに考えがちです。そして65歳になれば誰でも引退、75歳になれば誰でも後期高齢者になり、病気や故障を抱え、認知症になるかもしれない。長生きになり、人生の持ち時間は増えても、悲しい時間が長くなるだけだと考えてしまうのです。

しかし、実は「そうでない人」が確実に増えています。人生100年時代、90代で元気に活躍している人も増えています。私自身も50歳を過ぎてから、本当にいろんなことがありました。うれしいことばかりではありませんでしたが、新しい人、新しい仕事に出合えました。自分の人生は40代半ばまでは仕込みの季節、その後、それをもとにいろんなことがあり、そこを生きてきたことで今の私が成り立っていると思っています。

もちろん体力は少し衰えていて、徹夜で頑張る、重いものを持つ、激しい運動をするといったことはできなくなっていますが、日常的にそうした体力を必要とするのはアスリートくらいです。体力を必要としない分野で、できることはたくさんあります。例えば、「調整する」「説得する」「分析する」といった仕事は、年を取ったほうが上手にできます。そう思うのは、私に限ったことではありません。

政治家でも、研究者でも、事業家でも、小説家でも、音楽家でも、画家でも、50代以降に活躍している人は、たくさんいます。むしろ若くして活躍しているのは、タレント、歌手、アスリートたちや起業家など限られた人だけです。その人たちがメディアでもてはやされているので、若者だけが礼讃されているように思いますが、目立たないところでしっかり働き、社会を動かしている実力派の多くは中高年なのです。

## 中高年は可能性に満ちている

若い時から仕事を続けてきた女性は、その分野の大ベテランになっています。収入もそこそこ、年金もそこそこ確保している人も多いでしょう。これはたいへんな資産です。

ところが仕事中心に生きてきた女性の中には、そうした自分の強みを自覚せず、定年になると「女粗大ごみ」になってしまうのではないかと、恐れている人がたくさんいます。今まで仕事・職場中心にした人生を送ってきていると、大した趣味もなければ友だちもそれほど多くないし、定年退職した男性と同じく、居場所がなくなり、家族からも持てあまされてしまうのではないか、と。でも粗大ごみになるどころか、それまでの人脈を生かして活動し、ますます活躍している人がたくさんいます（あとでいろんな実例をご紹介しましょう）。そしてむしろ職場で主流として肩で風を切っていた人より、傍流だった女性の方が自分の世界や具体的なスキルを持っていることが多いのです。

一方、出産・子育てで家庭に入って10～20年間はフルタイムの仕事をしていなかったという女性も、意欲やエネルギーはフルチャージしており、次のステップにスタートする力にあふれています。こうした女性たちは家庭のマネージメント経験、ＰＴＡやママ友、いろんな団体活動を通じて培った幅広い人脈、そして料理、掃除、手芸など生活に関わる技能を持った人材で、いろんな可能性に満ちています。

ところがそうした恵まれた立場で、可能性いっぱいの女性が、自分のことを「何もできない」「何も持たない人間だ」と低く見て悶々としています。過小評価もいい加減にしましょう。

50歳、まさにこれからが、人生のゴールデンエイジです。贅沢を言い始めればきりはありませんが、アラフィフの女性は、体力も経験も、知力も十分備えています。これから新しい世界にチャレンジする条件は、すでに揃っています。

## 子育てが一段落したら母親業からの卒業宣言

専業主婦として、あるいは働いていても家庭に重きをおいてきた女性は、「私には経歴も特技も何もない」と思いがちです。しかし、そうした女性こそ50代から、本当に新しいチャレンジのステージが始まるのです。

家庭にいた女性にとって50代の人生が素晴らしいのは、今までの人生の多くを占めてきた育児・子育ての比重がぐっと軽くなってくるからです。もちろん20歳になろうが、30歳になろうが子どもは子ども。心配の種は尽きないでしょうが、基本的には18歳前後には精神的にも時間的にも親から自立し、学校を卒業すれば経済的にも自立します。

子どもが小学生になると、保育園や幼稚園の送り迎えはなくなります。ひとりで通学するようになります。でもトイレや歯磨きは自分でできても、持ち物に気を配ったり、宿題を見たり、洗濯をしたり、まだ何かと世話しなければなりません。中・高校生になると生活行動圏や交友関係が広がり、本人は自立しているような気分になっているかもしれませんが、精神的にはまだまだ不安定で、親から見れば、危なっかしくてまだまだ不安です。食事や生活環境も整えてやらねばなりませんし、学校との関係も保護者として責任を持たなくてはなりません。進学準備、進路選択も本人はまだ十分な情報も判断力も持っていないので、親の関わりと責任は必要で、育児に終着駅はないように思えるかもしれません。

しかし、少なくとも大学生になれば、私のような地方出身者は親元を離れて生活するようになります。たとえ自宅通学でも、食事の支度の手伝い、部屋の掃除、衣服の洗濯は自分で行い、干し上がったものは自分でしまうことくらい基本とすべきです。これは、男の子も女の子も同様です。たまたま遅く帰った子どもに食事をさせたり、洗濯を一緒にすることはあっても、自分のことは自分でする習慣を身につけさせましょう。

子どもの世話を卒業すると、母親の自由時間は飛躍的に増大します。ところが大学生になっても社会人になっても、いつまでも世話し続けていると、子どもは自立せず、しかも親をうるさがって感謝しないうえに、母親も行動が縛られ、よいことは何ひとつありません。子どもも家の居心地がよすぎると、外へ出ようという気を失います。とりわけ男の子は、結婚志向が低下し、非婚率が高くなる恐れがあります。愛するわが子のためにも心を鬼にして、「私は母親を卒業する、もう頼るな」と宣言しましょう。

そうしないと中には、子どもと共依存関係（お互いに依存し合う）になってしまう母親もいます。

## 母親業以外にやりたいことを見つける

50歳からの豊かな後半生を手に入れるためのMUSTは、「母親業から卒業」と声を大にして宣言することです。本人が自宅から通学できない大学に進学すると言えば、反対せずに、できるだけ経済的に支援しましょう。留学させるのも大きな効果があります。

昭和女子大学の国際学部の学生は、最低半年は親元から離れて留学します。語学も上達しますが、それ以上に精神的に自立するのを、私は日々、目の当たりにしています。

漫画家の西原理恵子さんもシングルマザーとして育てた子どもたちに、「母親卒業」を宣言しています。彼女の高校生の長男はアメリカにホームステイをして、長女は演劇の仕事に出合って親離れしています。私たちも母親業からは卒業するが、子どもを若い友人として温かく見守る、頼まれればできる範囲で助力はする（頼まれてもいないのに口出し、金出しをすると、ろくなことはない）、というくらいのスタンスでいきましょう。

　問題は、母親業を卒業したら、ほかにやること、やりたいことがなくなってしまうという人です。子どもが幼い頃は、「私ばっかりに責任を負わせてひどい、無料の家政婦だと思って感謝もしない」「私は家族の世話のために自分の能力を発揮できなかった」と恨みつらみはあったはずです。長い間母親業に没頭していると、それ以外にしたいこと、楽しいことが思いつかなくなってしまっています。すると、つい子どもに手を出し、口を出し、なかなか母親業を卒業できなくなってしまいます。

　末の子どもが中学生になった頃から（それは45歳前後でしょうか）、「自分は何が好きなのだろう。自分は何がしたいのだろう。何ができるのだろう」と、考え準備を始めましょう。そのために、子どもが自立する日をもう5年、もう3年、もう1年と指折り数えて待つくらいがちょうどよいのです。

# 起こってもいない未来を言い訳にしない

残り時間は38年といっても、「私には無理」「事情があってできない」と言っているうちに、あっという間に時間は過ぎていきます。

主な障害のひとつは、自分が年を重ねて健康をそこねたり、故障が多くなったりすることです。また別の障害は、家族です。親の介護が必要になるかもしれない、孫の世話をしなければならなくなるかもしれない、夫が反対するかもしれないといった、「まだ起こってもいない将来の不安」です。確かに、介護離職する人もいるくらいですから、家族の介護に直面した人は、大変な状況に追い込まれることも多いのが事実です。しかし、それは全員が直面するわけではありません。親の世代でも、85歳以上で介護を必要とせず自立した生活をしている人が半分近くいますし、90歳で現役は特別なことではありません。必ずしも、誰もが介護が必要となるわけではないのです。

孫の世話も頼まれれば手伝ってあげたいでしょうが、こちらは期間限定ですし、親がいるのであくまでもアシスタントであって、それほどの負担にはなりません。親が働いていれば、保育所もあります。しかしそれにも関わらず、孫育てでも自分の子育て時代の自由度がなかった頃と同じ状態になると思い込んで、一歩を踏み出せない言い訳にしてしまう人がいます。

夫の反対にしたって、まだ仕事を始めてもいないうちは、単に可能性です。どんな仕事か、収入はどうか、時間的制約はどうかによるでしょう。子どもが小さい時には、「子どものために家にいてくれ」と言っていた夫も、子どもが大学生になれば、言うことが違ってくるかもしれません。50代になれば、男性も次の人生のステージについて考え始めるタイミングです。妻の就業は、心強い老後対策になるはずです。後述しますが、定年になったら、夫婦で旅行にでもという夫の「夢（幻想）」に付き合う必要はありません。

## 楽観的ないい加減さが必要

親や孫、夫の世話を理由に新しいことが始められないと言っている人は、いつも他人の都合を優先させ、自分の希望を後回しにしているのではないでしょうか。

いつも自分を後回しにしていると、そういうクセが身についてしまいます。新しい人生に挑戦するために、まず明確にすべきは、「自分のしたいこと」です。それを優先順位の一番にすえ、実現するためのステップを考えましょう。ほかの人の都合を優先していては実現しません。親や子ども、夫を言い訳にしている人は、優先順位を間違えています。

女子学生でさえも、子どもが生まれたら仕事との両立は難しいのではないかと心配して、将来性のある仕事や好きな仕事より、楽な仕事を選ぶ学生がいます。将来結婚するかどうかもわからない、恋人もいない段階で、早々と「子どもが生まれたらどうしようか」などと考えて、はじめから忙しい仕事や責任のある仕事は嫌だと逃げてしまう。こうした女子学生のことを、「目に見えない子どもを背負って職探しをしている」と、評した人がいます。

あなたもまだ存在していない介護が必要な親や、保育が必要な孫を背負って、仕事探しをしていませんか。それは単に現在の可能性に全力で挑戦しないことの言い訳ではないでしょうか。どんなに準備していても必ず「想定外」の事態は起こります。起こるかどうかもわからない未来を心配して縮こまっているより、「楽観的ないい加減さ」が、一歩踏みだす時には必要です。本当に起こってしまえば、どんな大変なことも何とかなるのですから。

ピンチに追い込まれれば、意外な力が湧き出てきたり、地獄に仏のように、思いもしないところから手を差し伸べてくれる人が現れたりします。しかし、それは起こるまでは誰にもわかりません。ピンチがない人生はあり得ませんが、ピンチはいつどんな形で起こるかわかりません。その時に必死に取り組む以外に方法はないのです。

もう50歳だから、「今からでは遅すぎる、もう少し若かったら、できたかもしれないけれど…」と言っている人は、40歳の時も同じことを思っていたはずです。5年前にも同じことを考えていたはずです。きっと5年後にも、「あの時、始めていればよかったけれど、今度こそもう遅い」と言っているはずです。

# 「何をいまさら」という言い訳人生にさよならする

「何をいまさら」「頑張ってもムダ」という言い訳もよく聞きます。「どうせ私には才能がないから」「今から新しい知識やスキルを身につけるのは無理だから」「今から何か始めても大したことはできないだろう」という諦めです。

現実の人生では、できない理由を探す前に、解決するための知恵を絞り、行動しなければ何も始まりません。目の前に障害があることがわかったら、それをどうしたら解決できるかを考えるのです。そうしなければ、何もしないうちに月日がたっていきます。

「才能がない」。確かに芸術や科学の最先端では、特別な才能がものを言うこともあります。しかし、多くの人はそれほど飛び抜けた才能がなくても、社会で役割を果たしています。日本人は地頭《じあたま》がよいかどうか、才能があるかどうかを気にし過ぎるのではないでしょうか。もっと教育や努力の成果を信じましょう。

スキルや知識がなければ、それを身につけるためには、どうすればよいかを考えます。基本的には、どんなことも学ぶことで一定のレベルは身につきます。教えてくれる場所は、探せばあります。

私も50代後半になってから必要を感じ、パソコンの個人教授につき、一通りのスキルを習いました。それでも、もちろん高いレベルを必要とされるパソコン作業はできませんから、できることは限られていますが、何とか日常の仕事はできます。

「知足安分《ちそくあんぶん》」という言葉があります。身の程を知り、高望みしないで分(与えられた位置)に安んじて暮らせば、平穏で幸せな人生が送れるという教えです。同じように欲望からの解放と心の安らかさを追求した仏教の教えとして、「吾唯足《われただた》るを知《し》る」という言葉もあります。確かに、「これでいいのだ」と、自分の現状を受け入れていれば安心かもしれませんが、それではつまらないです。

私は物質的な欲望や金銭欲、所有欲、名誉欲、権力欲、生物的な性欲や食欲に振り回されないようにするのは、とても重要だと思います。そのような個人的な欲望は足るを知り、できるだけコントロールし、少ないほうが幸いでしょう。

しかし、自分の能力を高めたい、今の仕事をもっと充実させたい、もっと人の役に立ちたいと思わないのはもったいない！　これ以上は高望みせず、今のままでいいのだと諦めていては向上はありません。

人間は成長し、向上している時に一番の幸せと充実感を感じます。前にはできないと思っていたことができるようになる、今まで知らなかったことを知る、見えなかったことが見えるようになるというのは大きな喜びです。

逆に、「これでいいのだ」と、持てる力の70％、80％しか使わない「楽」な日常を送っていると、いつの間にか持っている力も失われていきます。自分の現状より、少し頑張らなければできない目標を持つ。それが生涯にわたり成長し続ける秘訣です。

「もう年だから、私には無理」「これまで勉強してこなかったから…」などと、できないという理由を並べ立てて、何もしないのが「賢い生き方」ではありません。身の程知らずの挑戦をして失敗することを恥ずかしいと思っていては、50歳からの人生は衰える一方ではないでしょうか。

# 外に踏み出す準備 さあ、窓を開けよう！

同じ環境にどっぷり漬かって、向上心のない人とばかり付き合っていると、いつの間にかそのグループの中だけで通用する基準や思い込みにとらわれ、しがらみの中で心が固まっていってしまうことがあります。

50歳で新しいステップを踏み出そうと思ったら、意識して自分の生活圏の外にいる人と触れ合う機会を持ち、たくさん本を読み、情報を仕入れましょう。それによって今まで自分を縛っていた先入観や価値観から自由になり、世界を見る目が変わってくるはずです。ひとつの会社に長年勤続している人も、主婦も、パートで働いている人も、同じ仲間とばかり付き合っていると、「人生はこの程度のものだ」「みんな不満は持ちながら生きている」「今の暮らしも居心地は悪くない、その中でできることをしていけばよいのだ」と思うようになります。

「さあ、窓を開けよう！」、外は広いのです。

家の外や会社の外は、内部と違って冷たい風が吹いていたり、激しい雨に襲われたりするかもしれませんが、新しい発見もたくさんあります。面白いコトやヒトに出合えるかもしれません。

私がアメリカに留学した時、出身大学や国内の肩書きより、英語の上手下手で能力が判断され、茶道や華道、着物の着付けなど日本文化に精通した人の方が尊重されるのを経験し、自分の価値観が大きく揺さぶられました。ぜひ新しい人と出会う場を意識してつくりましょう。

それにはどうすればよいのでしょうか。例えば、手軽なところでは、自分が興味を持つ講演会、公開講座に参加するのはどうでしょうか。自治体や大学などの教育機関のホームページで検索してみましょう。また、自分が興味のある活動をしている団体やＮＰＯ、ボランティアグループなどに加わるのもひとつの方法です。

つまらない講演会には行きたくない、変な団体には加わりたくないと思っても玉石混交、当たりはずれはありますから、まずは気軽に顔を出して様子を見ることです（もちろん詐欺などのトラブルには注意してほしいですが）。それでもどうも合わないと思えば、次からは出なくてよいですし、気に入れば続ければよいのです。

出身中学や高校の同窓会に顔を出してみると、世話好きな人や面白い活動をしている人と出会うかもしれません。そこからまた、いろんな交流が広がることがあります。

習い事や勉強も、自分の世界を広げる手段になります。子どもの時に少し経験したものや、長年、気になっていたものだとより始めやすいと思います。「3カ月はやってみよう」というぐらいの軽い気持ちで、踏み出せばよいのです。ジムや体操教室であれば、健康のためにもなります。

## 踏み出すことで見えてくるものもある

私の知り合いに、結婚退職し専業主婦だった子育て中も、元の会社の同僚やバリバリ働いている友だちと会って交流し続けたという人がいます。働いていない自分に引け目を感じたり、バリバリ仕事をしている友だちがまぶしく見えたりして落ち込むこともあったそうです。それでも自分と同じような生活をしている主婦仲間とだけ過ごしていると、話題も関心も偏ってしまい「これでいいのだ」と安心してしまうので、外の世界に関心を持ち続ける刺激になったと言います。

これは、外で働いている人も同じではないでしょうか。慣れ親しんだ同じ職場の狭い世界に閉じこもらないで、自分の知らない世界に関心を持つ努力をぜひしましょう。このような活動は、いつからでも始めることができます。仕事が一段落して少し時間に余裕が出た時か子どもの手が離れた時は、活動を開始するよい時期です。外の世界に触れて刺激を受け続けたら、自分も何かしたい、何かしようという気持ちが高まってくるのではないでしょうか。

自分の仕事でベテランになった人も、母親を卒業した人も、50歳からは新しい人生に挑戦する機が熟しています。経済学者のピーター・F・ドラッカーは、「現在の仕事が心地よくなったら、新しい仕事にチャレンジする時期がきたのだ」と言っています。

本気で再就職をするなら、その前に、パソコン教室、会計や簿記など自分の売りになるスキルを習得する教室に行くのもよいですし、もう少し頑張って専門学校、大学に入学して若い学生さんたちと机を並べて資格を取得したり、勉強してはどうでしょう。「いまさら自分よりずっと年下の子と勉強するなんて、記憶力も衰えてしまってよい成績は取れないし、恥ずかしいから嫌だ」などと言わず、まず挑戦してみてください。

今は通信教育も、ｅラーニングなどもあるので、学校へ行かなくても勉強ができると思うかもしれませんが、自分ひとりで勉強をするのは意志の力がかなり必要です。その点、学校に通うと、専門知識のある講師が体系的に教えてくれるので基礎から身につきますし、いろいろな人と出会うメリットがあります。本当に世界を広げたい、就職へのステップにしたいなら、ぜひ授業料を払ってでも学校へ行くことをおすすめします。

大学を卒業している人ならば、大学院に入ったり、経営大学院や法科大学院に入学するというのもひとつの選択肢です。社会人入学枠で入学できる大学が増えていますから、面接と簡単な論文試験で合格できる大学がたくさんあります。大学院に入学すれば、仕事をしながら勉強している若い社会人、時には同年代の社会人にも出会えます。家の中でネットを相手に勉強するより、「私もぼやぼやしていてはいけない」と心が奮い立つはずです。

さらに思い切って留学するという選択肢もあります。イギリスやアメリカの大学に正規の留学をしようと思うと、ＴＯＦＵＬ®６００点とか、ＩＥＬＴＳ®５·５点など相当の語学力が求められます。そこまで語学に自信のない人は、語学留学やホームステイがおすすめです。

私の知人のYさんも50歳の時に思い立って、娘さんが東京の大学へ進学したのをきっかけに、オーストラリアへ留学しました。それまで独学だった英語をブラッシュアップするためです。そして、Yさんは英語力を磨くだけに留まらず、そこで出会った同じ年頃の女性と協力して、自分の住んでいる市との姉妹都市交流事業を立ち上げ、以来それが彼女のライフワークになっています。Yさんは留学をきっかけに、人生の新しいステージに踏み出したのです。

Message

何をいまさらと
言い訳するより
できることは何かを
考える

# 第2章

# 「ライフシフト」時代を生きる
# 脱・もう遅いかも症候群宣言

# アラフィフ世代の未来を覗き見

データ
その2

## 日本の人口ピラミッドの変遷（1965年と2050年）

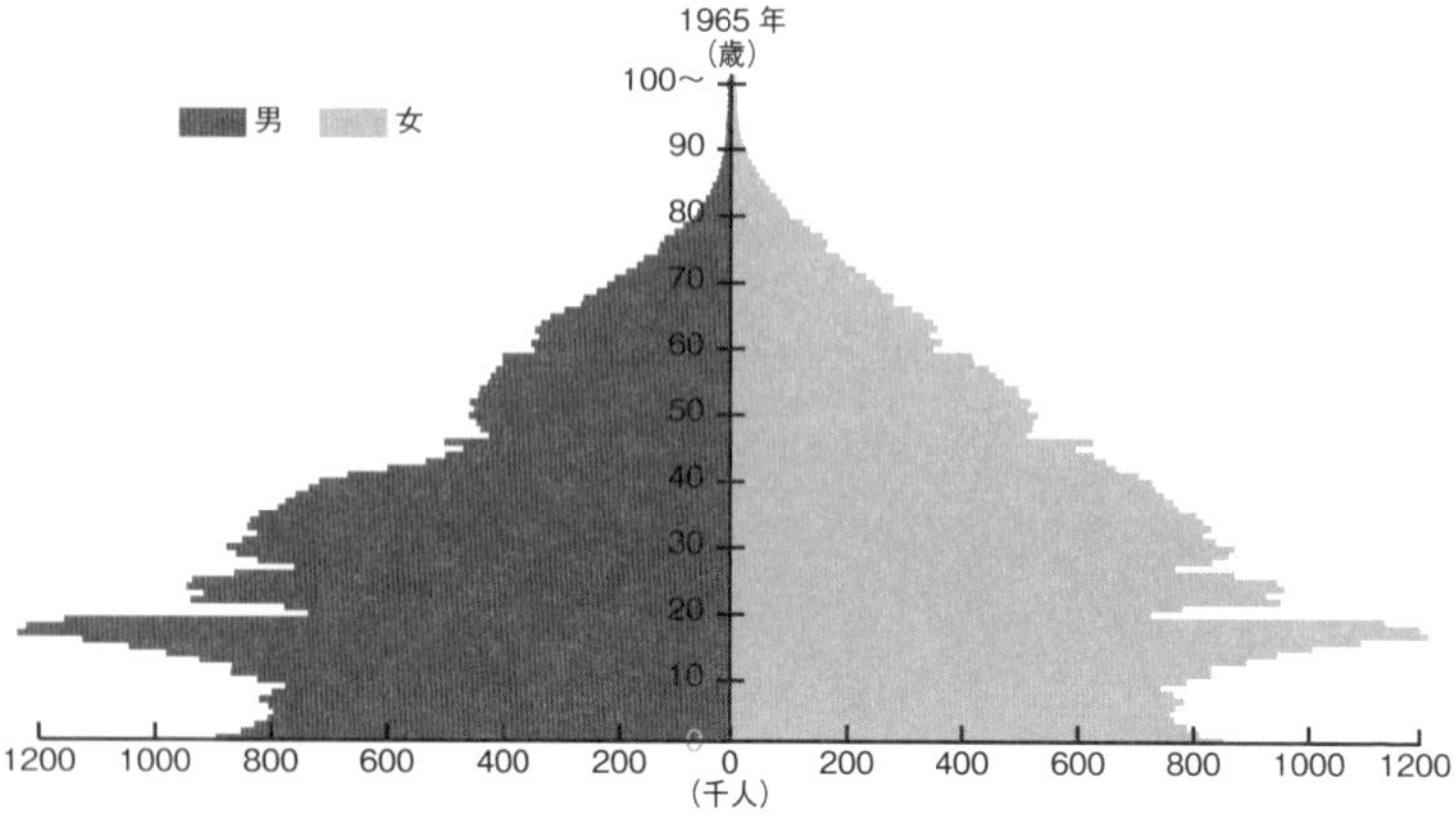


ピラミッド型から逆ピラミッド型へ

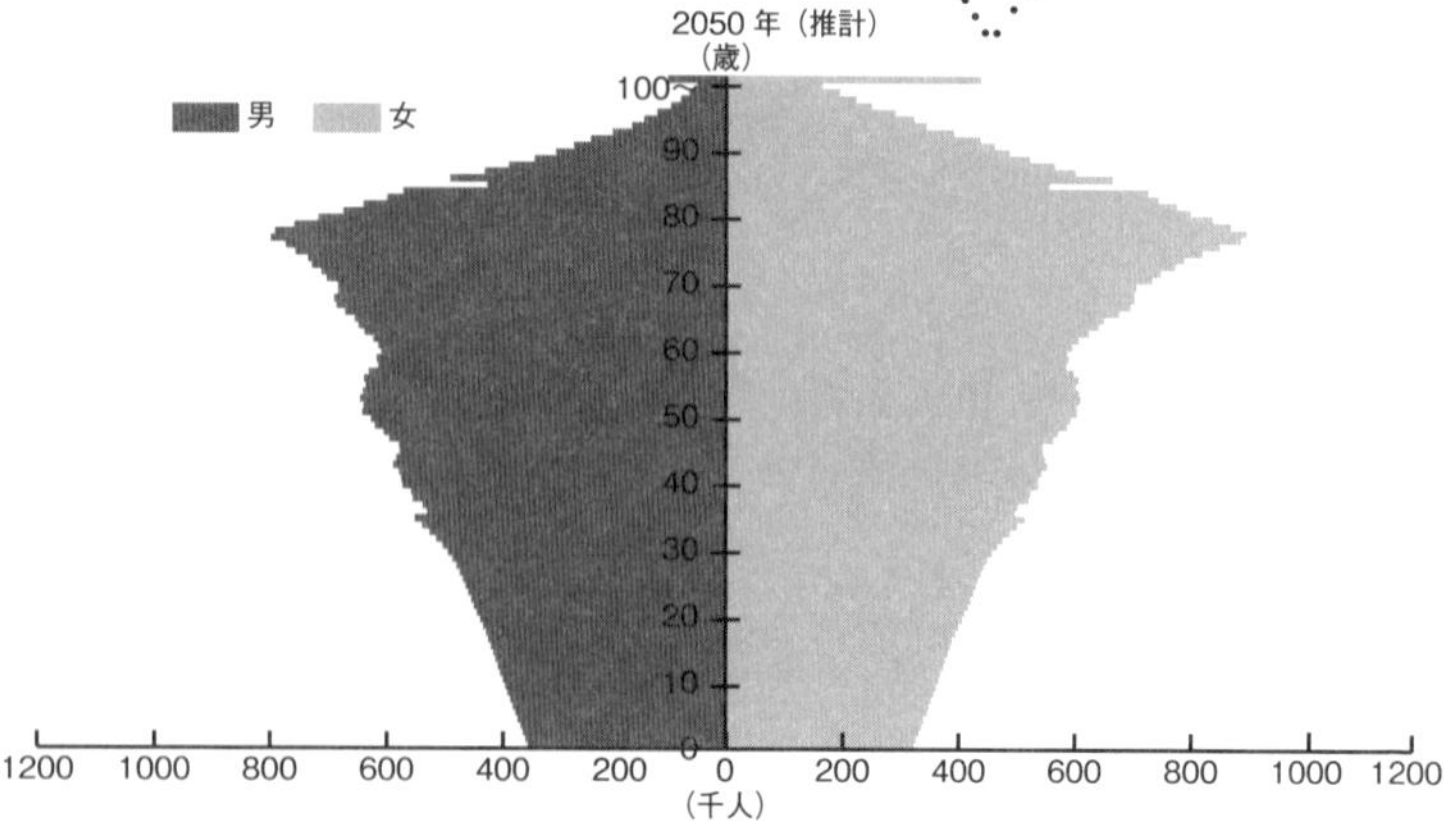


出典：国立社会保障・人口問題研究所

## ライフシフト時代の到来「無形資産」をつくろう

人生100年時代がやってくる！ とし話題を集めている『ＬＩＦＥ ＳＨＩＦＴ（ライフ・シフト）』という本を書いたのは、イギリス・スクールオブビジネスのリンダ・グラットン教授です。彼女は日本の内閣府の「人生100年委員会」の委員にも選ばれています。

彼女の説によれば、人間の寿命が延びて人生が100年になると、人生は今までの教育―仕事―引退の単線型の３ステージでなく、複数のキャリアを経験するマルチステージを含む人生へと移行し、引退は75歳から80歳頃まで延期されることになります。つまりこれからは、同世代が一斉に進学し、一斉に卒業して就職し、一斉に定年で退職するまで働き続けるのではなく、一人ひとりがそれぞれの人生を経験し、多くの人が複数のキャリアを経験するということになります。

マルチステージは、具体的に３つあります。ひとつは人生の節目に、一度日常生活を離れ、旅や新しい人と出会うことで今までの価値観を壊し、自分を再発見するエクスプローラーの時期。次は組織の一員として、あるいは本業とする仕事に打ち込み、その後組織から独立して生産的な活動に携わるインディペンデント・プロデューサーの時期。そして、異なる種類の活動を同時に行うポートフォリオ・ワーカーの時期。これらを組み合わせるような人生設計の多様化が進むと予測しているのです。

定年までひとつの企業にしがみつくのではなく、いろいろなステージを自分で選択し組み合わせて生きていかねばならなくなるというのが、この本の主張なのです。そしてこれは、日本の女性にこそふさわしい生き方とも言えます。

## 女性こそライフシフトが実践できる

日本の男性の多くは、人生70年時代モデルを生きてきました。大学卒業時に一斉に就職します。職場での年功序列は崩れつつあり、終身雇用も企業倒産、合併・統合などで揺らぎ始めていますが、まだ終身雇用の幻想は残っています。男性の多くは会社で経験を積み昇進していきます。

男性たちは、人生を40、50歳でもう一度リセットして、新しいキャリアに踏み出そうと言われてもためらいます。妻子を養う収入が確保できるかを考えると、とても踏み出せないのです。子どもの教育費もかかるし、住宅ローンは払い終わっていない、厚生年金や健康保険も確保しなければなりません。現在の仕事にそれなりに責任ややりがいがあれば、それを投げ出すのは勇気がいるでしょう。

一方、男性に比べると、女性は、非正規で働く人も多く、扶養の責任を負っていない人が多数です。そもそも結婚・出産・育児などで日本的な終身雇用の枠からはみ出さざるを得ませんでした。

先にも触れたとおり、このような女性がライフワークとして取り組んだ育児も、ひとりか、ふたりの子どもが小学生になるまでは、せいぜい10年です。子どもも小学生から中学生、高校生にもなれば、少しずつ自立する範囲が広がり、大学生にもなれば、母親業の責任からは解放されます。その頃、母親はアラフィフ、それからの残り時間は約40年。母親業をライフワークと思い定めていても、それは20年以内の期限つきライフワークです。女性こそ、ライフシフト時代の先駆けとして、キャリアチェンジを実践しなければならないのです。

では、女性はどのようにライフシフトに描かれた提案を実践していけばよいのでしょうか。まず、今までの主婦、母親の価値観から解放されるためにエクスプローラーの時期を50歳前後に一度経験し、その後は企業のような大きな組織への再就職を考えるのでなく、インディペンデント・プロデューサーとして独立して働く選択をすすめたいと思います。ポートフォリオ・ワーカーのようにいくつかの仕事を兼ねる働き方もあります。正社員として再就職して会社などの組織に縛られるのではなく、自由と柔軟性を重んじて小さなビジネスを自分で起こす、あるいは主婦・母親業に重心を置きつつも、副業としてビジネスを始めてみるということです。

複数の仕事を持つポートフォリオ・ワーカーとは、例えば主婦のかたわら週に2回程度学習塾を開く、自分の得意なピアノやバイオリンを教える、午前中だけ複数の共働きの家庭のお掃除を請負ったりといったことです。薬剤師の資格を生かして、自宅を高齢者サロンにした人もいます。自分の周囲を見回してみると、小さなビジネスのニーズはいっぱい転がっているのです。

またデザイナー、翻訳家、記者・編集者などのサラリーウーマン時代に培った専門技術を持っているなら、それを役立ててフリーランスとして、インディペンデント・プロデユーザーとして、働く選択肢もあります。フリーランスで働いている人の年収は、３００万円以下が過半数というデータがあり（中小企業庁「小規模企業白書」２０１６年）、それだけで家族を養える人は、少ないのが実情です。経営コンサルタントや税理士、建築士などだと１０００万円以上稼ぐ人もいますが、その割合はとても低いのです。でも扶養の責任を負っていない立場の女性なら、例え少ない収入でも、好きな仕事ができるのは悪くないという考え方もあります。男性のように妻子を養わずに済み、また家事などの生活能力があるので、ムダな費用も使わず豊かに生活できます。人生の後半ならではの考え方ではないでしょうか。

起業する場合は、最初から大きい年収を狙わず、小さなビジネスから始めてみて、可能性があれば少しずつ大きくしていきましょう。徐々に人を雇ってどんどん広げていけばよいし、別の業種に転換してもよいのです。こう考えると、ハードルは少し下がりませんか。まず、一歩始めてみてください。

# 若さを保つ秘訣は好奇心を持ち続けること

年齢を重ねるにつれ、学び続ける姿勢を保つのは難しくなります。ですから、いろいろな人から刺激を受けることは大事です。同時に、学びのためにおすすめするのは読書です。読書はいつでも実践でき、知的好奇心を刺激します。若い世代の本離れは深刻ですが、50代はインターネットも使うし、本も読むという世代です。

ではどういった本を読むといいのでしょう。小説やエンターテインメント系の読み物は楽しいですが、さらに範囲を広げて社会や自然科学、歴史など、いろんなジャンルの本を読んでみましょう。知的好奇心が刺激されます。

雑誌やネットの情報は、手軽で便利ですが、断片的な知識で終わり、しっかりと考えるところまで行きません。また自分の欲しい情報だけ、好きな情報だけを無意識に選んでしまい、知識が偏りがちです。それに比べて本は、まとまった情報を体系立てて与えてくれます。

古典や名著と言われる本は、時間によってふるいにかけられています。つまらない本は市場から消え、忘れられていきますが、生き残る本は先人に選ばれ続けてきた本です。そのため中身が充実しています。言葉遣いが少し古めかしかったり、例えがピンとこなくても、ぜひ古典を読んでみてください。人生を豊かにするヒントがきっと見つかるはずです。

一方、話題の本、ベストセラーは時間をかけて精読する必要はありませんが、斜め読みでも目を通しておきましょう。今読まれている本を読むことで、時代の流れをつかむことができます。

学ぶ力は、年を重ねると衰えると考える人もいますが、そんなことはありません。記憶力や瞬発力が衰えても、理解し自分の知識にする力、つまり判断力や洞察力、説得力は、かえって高まります。良質な情報に接し、新しい知識はどんどん増やしましょう。すでに持っている知識に新しい知識が加われば、新しい知恵が生まれます。読書は、その点でも自分の蓄積した知識に磨きを与え、プラスアルファの価値を与え、高めるためのよい手段なのです。

## 新しい場所で刺激を受ける

次におすすめするのは旅行です。気に入った好きな場所に何度も行くのもよいですが、ぜひ行ったことのないところへ行き、知らない人と話をしましょう。国内旅行よりも海外旅行のほうがその点は刺激的です。温泉でゆっくり癒しを求めたい、美しい風景に触れたいというゆったりした旅は、あとでも十分時間はありますから、75歳以上になるまでおあずけです。50代は新しい場所で、刺激を受ける旅をしましょう。

団体旅行でもかまいません。できれば、海外旅行も個人で行き、現地の人と交流してほしいのですが、そのためには、意思疎通ができる必要最低限の英語は身につけてほしいところです。でも英語以外の言葉を使う土地も多いです。もし、言葉の通じない地域に行く場合なら、パックの団体旅行のほうが安心です。

私の友人は、ふだんはハードで気を遣う仕事をしていますが、時々ひとりだけでパックの海外旅行に参加しています。言葉が話せなくても、その土地の人の住んでいる家を見たり、道路の混雑、交通機関の規則性、服装そして市場などを見たりするだけで、とても刺激を受けるそうです。それによって、疲れて衰えていた好奇心がよみがえると言っています。

刺激といえば、日常生活でできるだけ若い人と、話すことを心がけているという人もいます。若い世代の人と話すことは、新しい刺激となるそうです。といっても漫然と若い人の話を聞くだけでなく、自分の意見にどう反応するか探ってみるように、問題意識を持ってやりとりすることです。私はこれもよいアイデアだと思います。

例えば夫の部下や、あなたの後輩も新しい刺激を与えてくれるでしょう。きっかけづくりのために、自宅に招いて夕食をごちそうしてもよいし、外で一緒に食事に行ってもよいでしょう。

知り合いに限らず、新しい若い友だちをつくるのもよいでしょう。先に述べたサークルや、学校などに入ると、自分と異なる生活環境で暮らす人や、若い人の考え方に触れ合う機会がたくさんあります。

好奇心を持ち続けることは、心の若さを保つ一番の秘訣です。それが次のステージに進むエクスプローラー（探索）の役割を果たします。

# 「活力資産」健康こそすべての基本

『ＬＩＦＥ ＳＨＩＦＴ（ライフ・シフト）』の著者は、長く生産的な人生を送るためには、金銭に換算できない「無形資産」の充実が不可欠だと強調しています。「無形資産」としては、「活力資産」「生産性資産」「変身資産」の３つがあります。

人生100年時代で一番大事な無形資産は、「活力資産」のひとつである健康です。どれだけ長生きしても健康でなくては新しいことにチャレンジする意欲はわきません。原因が究明されていない病気も多く、予防法も治療法も解明されていない難病もありますが、自分にできる範囲で健康に気をつけましょう。私たちにとって不可欠のたしなみです。

特にアラフィフの女性は、体をいたわり、健康を意識して生活しましょう。まずは運動、そして食事と睡眠です。

私も50歳になった頃に子どもたちが手離れし、時間の余裕が少しできたので、自宅近くのジムの会員になりました。今でも1週間に合計3時間はジムに行くのを目標としています。平日2回、各45分、週末1回90分行くのを理想としていますが、それができなくても、やめてしまったりはしません。なんとかできる範囲で目標達成を目指しています。

ほかに健康維持のためにしていることといえば、暑い時期はめげてしまうのですが、自宅から大学まで約２㎞の通勤をできるだけ徒歩で通うようにしています。建物の中でも3、4階上に行く時は階段を使うなど、少しでも体を鍛えるようにしています。

運動は好きなものをなんでも行えばよいでしょう。私は有酸素運動より、筋肉をつけるダンベルや、パンプアップさせる運動が好きです。ヨガでも、大極拳でも、ストレッチでも好みに合わせて行えばよいのです。私の友人には、フラダンスや、日本舞踊、剣道、柔道などを楽しんでいる人がいます。自分が気持ちよく続けられることが大事です。60歳から社交ダンスを始める人も増えているそうです。

そして、健康を保つための食生活も大事です。私たち人類は、ここ3世代ほどの間に必要カロリーを簡単にとれるようになりましたが、それまでの何百万年、いや人間に進化する以前から、食べ物を確保するのが難しい環境の中で生き抜いてきました。それだけに私たちの体は飢餓には強いけれど、食べ過ぎには弱いのです。とはいうものの、私もおいしいものはすぐ食べ過ぎてしまいます。ほかにも間食をしない、夜8時を過ぎたら食べない、お酒は週3回、2合以内と心がけてはいるのですが、時々失敗します。

そのほか、発酵食品や野菜を多く摂るようにしようとも思っています。ただそれは、できるだけ、心がけるといういい加減な食事法です。

世の中には厳密な食事管理を行い、マクロビオティックや、菜食主義、糖質オフなどといろいろな主義・主張を実践している人はいます。1年に1回、1週間断食をするとか、1カ月に1回プチ断食をするという人もいます。私は、「エライなー」と感心するばかりです。厳密に考えすぎず、できる範囲で行うようにしたほうが、ストレスにもならず長続きするのではないかと思います。

## 眠くなったら寝る、無理をしないことが大事

もうひとつ大切なのが、睡眠です。長生きする人は、「早寝早起きで、太陽とともに起きる人だ」と言う人もいるようです。確かに太陽の光は体内時計をリセットさせるなど体によい影響を与えるようです。私は残念ながら夜型でそれほど朝は強くありません。

必要な睡眠時間は人それぞれです。長く眠ろうと頑張ることはありません。無理のない範囲で6時間なり、7時間なり、自分にとって心地よい時間でよいのではないかと思います。睡眠障害で長く眠れない場合は、無理に長時間寝ようとしても逆効果でしょう。睡眠時間を確保しなければと焦るより、静かに横になって、部屋を暗くしているだけでもよいのだと割り切りましょう。眠れなくても心穏やかに過ごせればよいのです。

昼寝を習慣にしている人もいます。昼食後に体を横にするだけでも、健康にはよいと言います。夜間の睡眠に影響しないように、午後の早い時間に短時間するのがおすすめです。

若い頃は徹夜も辞せずという人でも、ある程度年を重ねたら、眠い時は眠るようにして疲れを溜めないことも大切です。過労のあまり自殺する人は、うつ病のような状態になり、意欲や気力がなくなっています。睡眠不足が続き、免疫力が低下すると、物事を悲観的にとらえるようになります。気力がない時は、無理に起きて仕事を終わらせるより、寝てしまいましょう。仕事が終わらなくても、健康のほうが大事だと割り切りましょう。

私も、あれがまだできていない、これもしなければならないと、いろいろ詰め込みがちなのですが、たまに空いた時間をつくり、空ゆく雲を眺めたり、木の葉のそよぎに心を向けるようにつとめています。

個人差はありますが、更年期で今までと体調が変わる人もいます。つらい時はきちんとホルモン療法などの医療が必要ですが、体調を気にし過ぎるよりも、別のことに心を向け、気を紛らわすようにしましょう。

「病は気から」という言葉がある通り、心と体は強く結びついています。くよくよ思い悩み後悔していると、免疫力や自然治癒力が衰え、病気にかかりやすくなります。ぜひ、心を明るい方向に向けていきましょう。

## 生き生きと生きるエネルギー「活力資産」を増大させよう

活力資産は、生き生きと人生を生きていくエネルギーの源になります。もちろん、それには前に述べたように、肉体的な健康が基本ですが、それに加えて、精神的健康や、家族との温かく安定した人間関係、バランスのとれた生活などが加わります。

そして、「新たに挑戦しよう」「新しいことを始めよう」という気持ちになることが必要です。どうしたら前向きな気持ちになれるでしょうか。それは、「形から入るべし」というのが私の持論です。

「形」で一番簡単なのは、笑顔をつくることです。私たちは意識しないと、気分に流されて悲観的になったり、落ち込んだりします。まず形をつくるため、できるだけ笑顔で機嫌よく振る舞いましょう。自分の気持ちも引き立ちます。口角を上げ、胸を張りましょう。フランスの哲学者のアランは、「幸福だから笑うのではない、笑うから幸福なのだ」

と言っています。「うれしいから笑顔になるのではない、笑顔になるからうれしくなるのだ」という精神で、できるだけ笑顔をつくり、声を出して笑うようにしましょう。それによって周囲の人も幸せになります。

家族との温かく安定した関係も、活力を保つためにも必要です。子どもに対しては、欠点ではなく、よいところを発見してほめましょう。すると子どもも自尊感情を持ち、自立した大人になります。自立できず、いつまでも経済的、精神的に親から離れられない子どもは、本人もかわいそうです。親の将来にとっても、ネガティブ資産、マイナス資産になってしまいます。

長い間連れ添ってきた夫も同じです。多くを望まず、意識してよいところを発見し、感謝するなどの「メンテナンス」が必要です。とりわけ今まで主婦として家事育児を一手に引き受けていた妻が、仕事を始めるとなると生活が激変します。妻が仕事を始めるためには、できれば家事を分担する、少なくとも今までと同じ家事水準を要求しない、と事前に了解を取りつけておかなければなりません。

親は70代で元気なら、まだまだ安心です。健康を気遣いつつ、自立して暮らしたい意思を尊重しましょう。80代でも差し迫った介護がないとよいのですが、健康が衰えてくる人もかなり増えてきます。予想外の事態が起こったらどうするか、サービス付き高齢者住宅や有料老人ホームに入るのか、自宅で生活し続けるかなどを話し合っておきましょう。

親自身が不安になり、娘にしがみつこうとする場合もあります。親には自立を目指してもらうようにして、安心して暮らせるような環境をつくる準備にも取り組みましょう。

これらの関係が活力資産に関わってきます。そのためには、日頃から夫や子どもたち、親とコミュニケーションをとることが大切です。目先のことに追われて仕事一辺倒、家事一辺倒といった生活にならないようにしましょう。生活を自分でマネージメントし、バランスをとっていく能力、それが長い人生で一番大事な「活力資産」の源になるのです。

## まずやるべきことは家庭・家事の再構築

家庭のある女性のライフシフトのためには、家族にも生活の変化に適応してもらわねばなりません。家族の都合を最優先していては、子どもが成人しても夫が引退しても、新たな再スタートはできません。これから自分の生活が変わることを宣言して、家族にも生活の変化に適応してもらいましょう。いつも母親や妻がスタンバイする生活に慣れていた子どもや夫も、はじめの1、2カ月は変化に戸惑い、文句を言うかもしれませんが、3カ月もすれば慣れてきます。仮にあなたが就いた職場に問題があるならば辞めることを検討してもいいですが、家族が不平を言うから辞めるというのはバツです。

自分自身が家事の水準が下がることを不安に思うかもしれませんが、人間のエネルギーと時間には限りがあります。仕事を始める前と同じ水準の家事はできなくて当然と、割り切りましょう。あなたが疲れ切ってしまうとイライラし、家族も「働くのはやめて今まで通りでよい」と言い出すに違いありません。

まずは家事の効率化を考えましょう。例えば、食器洗浄機や乾燥機付き洗濯機など、省力型家電もできる限り活用しましょう。「時間を買う」のです。オーブンや圧力鍋で調理時間を減らす工夫などをしながら、忙しい時の食事は、デパ地下などの出来合いの総菜を買うのもありだと思います。調味料やトイレットペーパー、洗剤、歯磨きの補給は、通販などを利用すれば買い物の手間が軽くなります。冷凍庫に半調理したつくりおきのおかずを用意しておくのも、時間の節約になります。

加えて、少し家事の水準を落としましょう。毎日していた掃除をしっかりするのは週1日にして、後はちょこちょこと拭くだけにしたり、洗濯は毎日から週2日にして、バスタオルやシーツ交換の回数を減らしたり、食事は1週間に1日は頑張るが、ほかの日はつくりおきで済ますというようにメリハリをつけましょう。

一番大事なのは、家族全員の小さな「名もなき家事」の分担です。「名もなき家事」というのは、「洗濯」や「料理」のように名前がついていないこまごました家事のことです。例えば、ごみ箱を空にする、ベッドを整える、食べた食器を洗い場まで（食器洗浄機まで）運ぶ、トイレットペーパーを交換する、自分の洗濯物を洗濯機に入れ、干しあがった洗濯物を自分のクローゼットにしまうなどなど。これをすべて主婦がするのは、やめるべきです。

子どものものは子ども部屋に入れておき、子ども部屋のベッドがどうなっていようと、散らかしていようと片づけない。夫と子どもの夕食の予定、自分の夜の予定を週のはじめに確認して、夕食を家で食べない日を設けるといったルールをつくることで、主婦の負担はぐっと減ります。家事や料理を「愛情の証」と、自分を縛るのはやめましょう。

家事は自分がすべて抱え込むのではなく、いろんな資源（家族の労力）、お金、家電を活用し、合理的にマネージメントすべき業務です。主婦は家族のしもべとして仕えるサービス提供者ではありません。家族には一方的なサービスの受け手ではなく、分担者だと頭を切り替えてもらいましょう。主婦は家族が快適に生活できるように業務処理を企画し、指揮命令する「女主人」として振る舞うことが必要です。

こうした家事のマネージメント能力は、将来の大きなできごと、例えば親の介護に直面した時も情報を収集し、いろいろ利用できるサービスを活用するマネージャーとして役に立つに違いありません。子どもと夫の自立のためにも不可欠です。

# これからのビジネスに欠かせないのは「生産性資産」

仕事を続け、仕事で成功していくためには、仕事をしっかりこなす知識やスキル、といった「生産性資産」が重要です。

先日も50歳前後の企業の役員クラスの女性たちと会う機会があったのですが、こうした特別に成功した女性はただものではありません。みなさんそれぞれＩＣＴやファイナンス、英語のスキルを持っていることが印象的でした。私はこの３つのスキルをビジネスの「三種の神器」と名づけ、女子学生にもこのうちの２つを持っていれば強い武器になると伝えています。こうしたスキルは即戦力で、どの企業に転職しても重視されますが、そのためには、そのスキルの水準を維持向上させるための努力も不可欠です。

ＩＣＴとは、情報や通信などの情報通信技術のことです。ＩＣＴは、今やビジネスに欠かせませんが、技術は日進月歩、新しいメディアや技術がどんどん登場し、

「Ｉｎｓｔａｇｒａｍって何?」「ＬＩＮＥって何?」などとぼんやりしているとおいていかれます。しかし基礎ができていれば、あとで勉強すれば追いつくと言います(基礎が身についていない人は、まずはパソコン教室か、専門学校でお勉強ですね)。

自分で起業をする際にもマーケティング、営業などＩＣＴを利用した合理化が大変な勢いで進んでいます。それを使いこなすことが、ビジネスの成功のために欠かせません。

財務・経理・税務といったファイナンスに関する知識も企業活動をするうえで、不可欠の基礎スキルです。どの企業でも財務・経理・税務や資金調達、運用の担当者が必要とされます。ファイナンスがわかれば、企業活動がわかると言われますが、経営の基礎となるスキルです。この分野では簿記の初級から三級、公認会計士、税理士などいろいろな資格がありますが、国際会計基準の導入、会社法の改正、税法の改正などが行われるので、勉強していないとおいていかれます。若い時に取った資格を持っていても、しばらく使っていない場合は、ブラッシュアップが必要です。

英語についても同じことが言えます。世界のビジネスの共通語は、英語です。外資系企業だけでなく、日本企業もグローバル化を進めざるを得なくなっていますし、日本企業が外国企業に買収されることも、珍しくありません。世界市場での営業、海外での生産、海外企業との提携など、どの場面でも英語が不可欠です。国内外で仕事をしていても英語が必要なのです。英語も生きている言葉ですから、どんどん新しい単語や言い回しが登場してくるので、勉強は必要です。しかし、注意してほしいのは、ビジネスで必要な英語は、必ずしも小説や随筆のような、洗練された英語でなくてもよいということです。発音もネイティブ並みでなくてもかまいません。文法も中学生並みで十分です。それより、専門用語も含めてしっかり正確なボキャブラリーを持ち、ビジネスに関する意思疎通が正確にできることです。それができる人は、男女を問わず、まだまだ少ないです。単なる英会話でなく、そうしたビジネスに使える英語を身につけましょう。

ビジネスで成功している女性は、世渡りがうまいだけでなく、こうしたスキルを身につける努力を欠かしません。

## 今までの経歴や評判も大事

もちろん英語、ＩＣＴ、ファイナンスだけでなく、仕事に必要な専門スキルはいろんな分野があります。まずは日本語で、しっかり正確なビジネス文書が書けることが、基本となります。また、「三種の神器」のように、どこでも必要とされる普遍的な需要はなくとも、英語以外の外国語、マーケティング、編集、映像技術、デザインなど、特別な専門技術を持っていれば、強い武器になります。

それと重要なことは、仕事で成功するための要素「生産性資産」の中には、その人の今までの経歴や業界での評判、評価が含まれることです。

高い専門知識やスキルを持っていても、いろんなプロジェクトからお声がかかる人もいれば、お呼びがかからない人もいます。そうした評判の背景には、今までの仕事の経歴だけでなく、普段の生活態度も反映されています。つまり、「きちんと決められた納期を守る」「期待される水準以上の仕事をするための努力をする」「チームワークを乱さず仕事をする」といったことができるかどうかです。一緒に仕事をしていて、「この人とまた仕事をしたい」と思われれば次がありますし、「なんだこの程度か」「信頼できない」と思われれば、それでおしまいです。

こうした「生産性資産」を身につけておくのは、働いている女性はもちろん、家庭にいる女性にも必要な人生戦略です。スキル以前、専門知識以前の基礎力が、一番重要な「生産性資源」だということを忘れないでほしいものです。

「私はそんなに大成功を目指しているわけではない」「私には特別な高いレベルのスキルを身につける能力はない」という女性も多いでしょう。それでも周囲の人から信頼されるような生活態度を身につけ、自分なりに少しだけスキルを磨く努力をして、今のままでいいと諦めないことが「生産性資産」を手に入れることにつながっていきます。

## 「変身資産」となるソフト・ネットワークづくり

「生産性資産」の中でも、仕事仲間や業界内部の評価・評判が大事と言いましたが、それが特に重要になるのが、転職や異なるライフステージへの移行の時期です。新しいステップに踏み出すのを後押しするのは、「変身資産」である人的ネットワークと言っています。人的ネットワークは、私たちの人生のいろんな場面で、多様な変化をもたらします。

転職の際に一番役に立つのは、ソフト・ネットワークです。社内の同僚や尊敬する先輩、家族や親類など日常的によく接してお互いの長所短所もよく知っているハード・ネットワークの人より、たまに会う、顔見知り程度で別の世界で仕事をしている人や、昔一緒に働いたことがあるクライアント、直属ではない上司など、日頃深く付き合っていないソフトな知人のほうが、新しい仕事のチャンスをくれると言います。

これはアメリカの話ですが、日本でも同様です。家族のように親しく、いつも行動を共にして付き合っているママ友や、終業後よく一緒に居酒屋に行くような同僚は同じ世界の住人なので、チャンスをくれることはほとんど期待できません。それより自分と別の世界で生きている、たまにしか会わない人がチャンスの扉を開けてくれることがあります。その人は、あなたと別の世界を持っており、あなたは別の世界の人として、その人にとって価値があるからです。

どうしたらそうしたソフト・ネットワークをつくることができるのでしょうか。まずはいろいろな生活場面、活動場面を持ち、人と知り合うことが重要です。自分と違う経歴を持つ人、異なる仕事をしている人、価値観や考え方の違う人を嫌がらず、積極的に付き合いましょう。しかし、自分が何者でもない状態で、いろんな異業種交流会に出席して名刺を配り歩いても、あまり相手から関心は持たれません。まず自分が「何者」かになることを考えてみましょう。

私は、仕事を通じて、「頑張っているな」「仕事ができるな」という程度のイメージを持ってもらうのが、一番重要な戦略だと思っています。その後、育児や介護などで仕事を辞めても、そうした印象が残っていれば、たとえ空白期間があっても、また緩やかな関係は復活します。緩やかな関係を維持するためには、昔なら年賀状だけでも交換しましょうと言っていましたが、今ならSNSでしょうか。Ｆａｃｅｂｏｏｋなどでもグルメや遊びの話ばかりでなく、今何に興味を持っているか、何をしているのか、どんな勉強や仕事をしているのかも発信しておきましょう。

## 自分と違う生き方を受け入れる

そもそも行動しようと思ったら、自分が日常と異なる場にも身を置くことです。主婦ならば、「○○ちゃんのママ」以外の固有名詞で呼ばれる世界を持つということです。働いていても、夜間の社会人向けの大学院に通ってみたりするというのはどうでしょうか。急いで単位を取って卒業しなくても長期履修でゆっくり学べば、いろんな人と同級生になることができます。学校の同窓会の集まりに顔を出すのも、ひとつの手段です。同窓会は、成功していないと出席したくないものですが、何のネットワークも持たない人が再スタートを切る時のとっかかりになります。ボランティア団体、ＮＰＯなどもいつもの日常と異なる人と出会う場となります。仕事とは異なるスポーツや芸術関係の活動に参加するのも、新しい価値観を持った人との出会いがあります。遠くから見ているだけでなく、実際に参加してみましょう。

こうした活動を、単に余暇や暇つぶしとして行うのではなく、「無形資産」を増やす再創造、仕事と別の価値を生み出す活動として関わると、「変身資産」を増やすことになります。

有名な大企業を辞めて、障がい者福祉の活動をしている人、自然の中で農業を始めた人など、驚くような転身をしている人がいます。「自分と違う」人の生き方を、「とても私にはできない」と決めつけないで、「こういう生き方もありなのだ」と受け入れましょう。それを蓄積していくと、知らないうちに、自分とは異なる世界に足を踏み出すための心の準備をしていることになります。また、今までと異なるステージに移る前の探索に踏み切る人の姿を現実に見ていると、同じようにしなくても自分の世界観が広がり、「へぇ、これもありか」と自分の人生の引き出しが増えます。情報として知っているのと、現実の「人」を知っているのとは大違いです。

それが、自分が変身する際の資産になります。長い人生を生きていくうえで、そうした柔軟性や好奇心が自分の変身の幅を広げてくれるのです。

## まだまだ女盛り
## 50代の「見た目資産」とは

『ＬＩＦＥ　ＳＨＩＦＴ（ライフ・シフト）』の著者は、「生産性資産」「活力資産」「変身資産」の３つが「無形資産」だと言っていますが、私は日本の女性の場合、見た目も大きな「無形資産」となっているのではないかと思います。

現実の社会では、「人は見た目が9割」です。家族やとても親しい友人の場合、見た目に左右されることは少なく、性格ややさしさ、有能さなどのほうが大事です。でもそこまで深く付き合わない圧倒的に多くの人は、外見で判断します。初めて会った人の性格や能力を見分けることができるのは、よほどの目利きな人だけです。それは誰でも「お互いさま」なのですが、女性の場合、見た目で値踏みされる度合いは、男性より強いと言わざるを得ません。見た目のよい人は、単に好感を持たれるだけでなく、チャンスに恵まれ、高く評価される傾向があるのは事実です。見た目のよい人は「トク」をするのです。

そして見た目は、自分の自信にも影響を与えます。肌が衰えてきたとか、スタイルが悪くなってきた、髪の毛が薄くなった、白髪になってきた…、といった見た目の変化は、自分に対する自信を失わせます。新しいステージに挑戦するには、外見の手入れをし、「見た目資産」アップを目指すことをなおざりにできません。

女性たちの中にはそうした変化を諦めて受け入れ、「私はもう年だから」という人もいれば、変化に抵抗してアンチエイジングの美容整形やお化粧に励み、年齢不詳の美魔女を目指す人もいます。私はどちらも極端すぎるので、ほどほどでよいと思っています。しかし、確実に日本の女性たちの「見た目資産」の蓄積は進んでいます。ちょっと思い出してください。一世代上の女性は、50歳の時点でくたびれた中年婦人でした。最近の50歳代の女性の多くは私から見ると、まだまだ女盛り、若くて活力があふれているというのが正直な感想です。

中には目立つ口紅に、華美な髪型や髪の色、似合わない派手な服を着たりしている女性もいます。逆に地味なくすんだ色のスーツやワンピースしか着ないで、「女性であることを諦めたのかな」と言いたくなる人もいます。しかし、そういうおしゃれが下手な女性は確実に減っています。

年を重ねたら、それを感じよくアピールするメイクアップやヘアスタイルを取り入れましょう。白髪が増えてきたら、髪の毛を紫や青味のあるグレイに染めるのも素敵ですが、まだ50代は自然なダークブラウンのヘアマニキュアなどで髪をいたわりながらおしゃれをしましょう。60代や70代で豊かな白髪が素敵な女性もいますが、50代はまだ白髪を目立たせないほうがよいと思います。肌のくすみをカバーし、シミや衰えを目立たなくするようなメイクアップも重要ですが、肌の汚れをきちんと取り、水分を補って保湿する肌の手入れを心がけましょう。

自分の体型が変わるとともに、似合う服も変わってきます。なるべく質のよい、上質なものを意識して選びましょう。いつも昔と同じ色やスタイルの服ばかりでなく、いろいろな色やスタイルを試し、新しく自分に似合っているものを見つけましょう。デパートやブティックでウィンドウショッピングをしたり、試着をしたりして流行も少しおさえておくとよいでしょう。少し自分に投資して、カラーコーディネーターやスタイリストなど、専門家にアドバイスしてもらうのもよいかもしれません。靴も歩きやすいモノだけでなく、見た目のよいヒールのあるものも揃え、眼鏡や帽子なども上手に似合うものを取り入れたりすると、若い時と違ったおしゃれが楽しめます。

包み紙（服装）も大事ですが、その中身こそ大事です。少しふっくらしてくる女性は多いのですが、できるだけ贅肉をつけないよう運動を心がけましょう。健康は見た目にも大きく影響しますから、日常生活に運動を取り入れ、食生活をコントロールしましょう。きびきびと動くと、それだけで若々しく見えます。

そして重要なのは姿勢と表情です。できるだけ胸を張り、お腹をひっこめ、膝を延ばして颯爽《さっそう》と歩きましょう。肩をすぼめ、前かがみで小幅に歩いていると、年寄りに見えます。できるだけ目に力を込め、口角を少し上げ、笑顔を浮かべるようにするだけで、顔の印象は変わります。おしゃれをして、「まだまだ私も捨てたものじゃない」と鏡の前でニッコリ笑うと、気持ちも明るく前向きになります。そして、そうしたささやかな努力を認め、ほめて励ましてくれる友人や仲間を持つのも大事なことです。

Message

これからの生き方について
考える時間を持つことが大事
先送りする時間は
もう残されていません

# 第３章

# ようこそ、アラフィフ
# ブートキャンプへ

## アラフィフ世代の未来を覗き見 データその3

60歳以上の男女に聞きました

### あなたは、何歳頃まで収入を伴う仕事をしたいですか

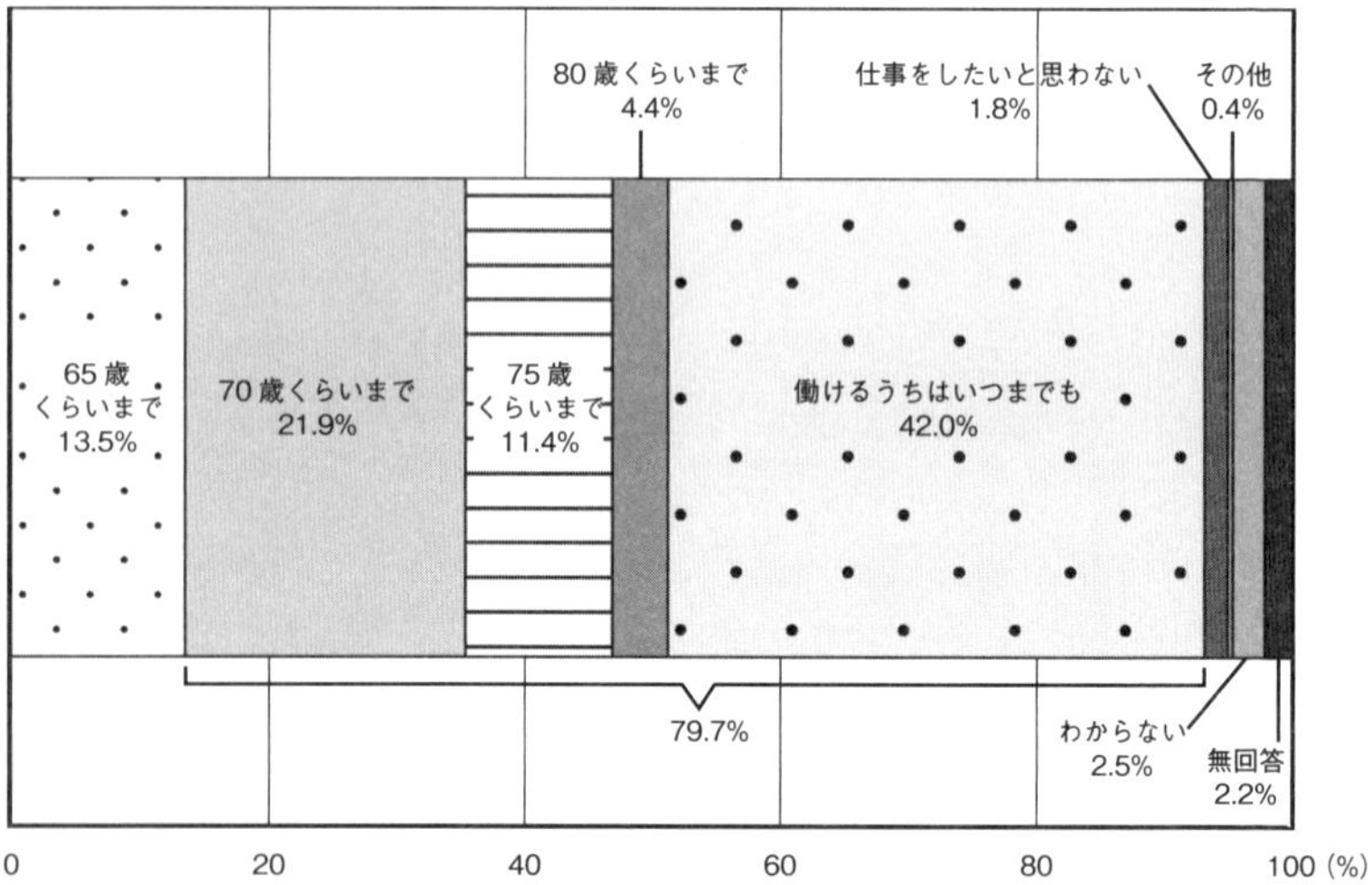


資料：内閣府「高齢者の日常生活に関する意識調査」（平成26年）
（注）調査対象は、全国60歳以上の男女。現在仕事をしている者のみの再集計。
出典：内閣府『平成29年度版　高齢社会白書』

どんどん若い労働力が減る中、
中高年労働者の42%が
「働けるうちはいつまでも」と希望し、
「70歳以上まで」が約8割をしめる。

# 自分のキャリアをチェックしよう

人生では、否応《いやおう》無く別のステージに移らなければならない時があります。

配偶者が亡くなった、あるいは離婚を迫られた、自分が事故や病気に遭遇した、会社の業績が悪化して失業した。そうした突然の否応無い事態に直面すれば、誰しも迷ったり悩んだりする時間もなく、新しい事態に適応しなければなりません。何が何でも生き延びるために、無我夢中で取り組みます。

逆に「さあ、私はこれから何をしたらよいかしら、私は何に向いているかしら」などと、悠長なことを言っていられるのは、平穏だということですし、それだけ現状がまずまずの状態だということです。ただし、現状はまずまずでも、このあとはどうなるかわかりません。

「ゆでガエル現象」という言葉があります。熱いお湯にカエルを入れるとすぐ飛び出すのに、水を入れた鍋にカエルを入れて温めると、緩やかにお湯の温度が上がるので危機に気がつかない。外へ飛び出すと寒いし、不安だ、やっぱりこのままにしていようと留まっているうちに、お湯の温度が高くなって、ゆで上がってしまうのだそう。だんだん厳しい状況になるのはわかっているのに行動を起こさなければ、気がついたらカエルのようにゆで上がってしまいます。

まだまだ何とかなる、このままでいいかなと思っているうちに、自分の状態がじわじわと悪化していく、アラフィフの女性はそうなってしまう可能性があるのです。

## 自分のキャリアの棚卸し

これらの仕事を実際に探し始める前に、一度自分がどれだけのものを持っているか、どれだけの市場価値なのか、あなた自身を棚卸しするチェックリスト（86ページ）を見てみましょう。

まず第一は、キャリアチェックです。社会一般から見た時、今の自分のキャリアは、どのような位置づけになるのか点数化してみます。

仕事をフルタイムでしてきた人は1年につき1点、さらに課長～主任相当の役職の場合は1年で1点、部長は2点、役員は3点を加算します。派遣や契約の場合は2年で1点、（契約でも専門性のある場合は1年1点、高いレベルのフリーランスなら1年2点です）、自営業は1年2点で計算します。

10点以下の人はキャリアが不足しています。自分のキャリアがプラスになるような再就職は難しいので、就職先は白紙のつもりで探したほうがよいかもしれません。

10点～20点ぐらいの人は、基礎的なキャリアはあると考えられますから、再度自分のスキル、専門性がどこにあるか、強みを考えて焦点を絞り磨きましょう。

20点～40点の人は、これから働き盛り、仕事に脂がのっているはずですが、今のままでよいのか、転職を考えるのか、自分の評価のされ方や会社や業界の未来も考えて、次の生き方を検討し始めましょう。中でも、20点～30点の人は、そのための経歴づくりを心がけ、30点～40点の人の場合は、自分の経歴で売りになるのは何かを考えましょう。

40点以上の人は、今がキャリアのピークかもしれません。今の会社では、あと何年働くことになるのでしょうか。もう一段上のステップはあり得るのか、未来を考えてアンテナを張っておくことをおすすめします。

## 自分の強みをチェック

次は、「あなたの強み」（87ページ）をチェックします。

「強み」と聞くとひるむ人もいるかもしれませんが、事務処理が正確で早い、パソコンでは表計算が得意、写真の加工ができる、ホームページがつくれるといったことも立派な強みで、多くの会社・職場で役に立つ技能です。

好きなことが、強みとなる場合もあります。例えば人と接するのが好きという人です。人の世話をする仕事は、これからいろいろな需要があります。この分野はＡＩが発達しても、人間が優位を保ちます。資格は必要でしょうが、保育、看護、介護、ホスピタリティなどはこれからも伸びる分野です。専門職だけでなく、ホテル、レストラン、窓口などで活かすことができる強みです。家事が得意という人は、他人の家の掃除や整理整頓ができるレベルかどうかが、ポイントです。

手芸系のものづくり、料理好きも高いレベルに上げていけば、強みになります。現在はインターネットで自分のつくったものを売ったり、料理のレシピを公開する人もいます。おこづかい稼ぎ以上を目指すには、特徴を持たなければなりません。そこまで行かなくてもレストランや給食会社に就職したり、施設の食事関係の仕事をする方法もあります。食に関わる資格は、管理栄養士から野菜ソムリエ、フードコーディネーターなどたくさんあります。

学生時代から勉強が苦にならず、試験にも強いという人は、ぜひ仕事に結びつく資格試験に挑戦するべきです。すでに仕事に関する資格を持っているなら、それが強い武器になります。

現在の職場で重要な仕事を任されていたり、人をまとめて仕事や作業をするのが得意、優先順位をつけて物事を進めるのが得意というリーダーシップがあるような女性は、自分で起業したり、新しい団体をつくったりするなど、苦労は多くとも自分が手腕を振るえ、責任を持てる仕事が向いています。大きな組織で縁の下の力持ちのような仕事をするのは、向かないかもしれません。ただし、さらに昇進する機会があれば積極的に取り組みましょう。

コミュニケーション能力は、どの仕事をするにしても役立ちます。人と話をするのが好きなだけではなく、言いにくいことも相手に嫌われずに伝えることができたり、誤解を招かないで伝えたりする能力は、どんな仕事でも重要です。人を喜ばせることが好き、PTAやボランティアの活動などで人付き合いが広く友人が多いという人は、その能力を生かす仕事がたくさんあります。

どの職場でも顧客や同僚や上司、チームメンバーとのコミュニケーションは、重要ですから重宝されるはずです。中でも、「人から相談をよく持ちかけられる」「友人や部下、上司からの人望があつい」という女性は、単に話し好きというだけでなく、人間として安定感があり、信頼できると考えられます。それは先のリーダーシップと重なるところがあります。そうした人柄の女性は、例えばアルバイトとして働き始めても、「店長になってほしい」「チームリーダーを任せたい」と言われるのではないでしょうか。そうした機会は積極的に受けるようにしましょう。

リーダータイプではなく、チームの中ではサポートすることが多く、縁の下の力持ち的な存在である女性も、自分の特性に気づいていれば、それにふさわしい立ち位置を得ることができます。組織によってはそういう人も、「もう経験が長いのだからリーダー的役割を果たしてほしい」「責任のある地位についてほしい」と言われることがあります。しかし、ここで自分の強みを見失わないことが大切です。はた目には華やかでも、本当の自分の適性に合わない仕事や役割は居心地が悪く、また成果も上がりにくいと思います。

このチェックリストだけで、あなたの本当の価値がわかるわけではありませんが、キャリアを点数化し、自身の強みを再確認してみることでキャリアの棚卸しをする考え方はわかっていただけたかと思います。ワークシート（88ページ）は、これからの人生をどのようにシフトしていきたいか、考えを整理するためのものです。方向性を考えていく上での参考にしてください。

このように自分の特性をある程度把握できてもなかなか踏み出せない、何もしないとゆでガエルになるのはよくわかるけれどそれでも飛び出すのは不安だという場合はどうすればよいのでしょうか。

それをこれから、一緒に考えていきましょう。

# 【キャリアの棚卸しチェックリスト】

自分のキャリアは社会からどのように評価されるのか、簡単に点数化してみましょう。

## 1. キャリアを点数で表すと？

仕事をしていた期間（年数）を書いてみましょう。

□ パートタイムや派遣社員　＿＿＿年（年× 0.5 点）

□ 専門性のある契約社員　＿＿＿年（年× 1 点）

□ 正社員　＿＿＿年（年× 1 点）

正社員に加算
- □ 主任・係長・課長　＿＿＿年（年× 1 点）
- □ 次長・部長　＿＿＿年（年× 2 点）
- □ 役員・社長　＿＿＿年（年× 3 点）

□ フリーランス　＿＿＿年（年× 1 点）

□ 専門性の高いフリーランス　＿＿＿年（年× 2 点）

合計　＿＿＿＿点

**【点数の見方】**

**10 点未満**…キャリアとしては、物足りませんが、未知数と考え、次ページで自分は何が得意かをチェックしてみましょう。

**10 ～ 20 点未満**…基礎的なキャリアはあります。さらにステップアップするために自分の専門性を振り返り、経歴づくりを考えましょう。

**20 ～ 40 点未満**…働き盛りですが、今のままでよいのかそろそろ考える時期。自分の売りになるものはなんでしょう。

**40 点以上**…今がキャリアのピークかもしれません。さらにステップアップするのか、未来を考えることが大事。

## 2. あなたの強みは？

あなたのスキルや得意なことをチェックしてみましょう。将来に向けて、自分に何ができるのか、考えるきっかけになります。

### スキル＆得意なこと編

□ 子どもが好き、人の世話をするのが好き
□ 手先が器用で、ものづくりが好き
□ 料理や掃除など家事が好き、または得意
□ 学生時代は、勉強や試験が得意だった
□ けっこう重要な仕事を任されている
□ 優先順位をつけて物事を進めるのが得意
□ 人をまとめて仕事や作業をするのが得意
□ 仕事の得意分野や長い間培ってきたスキルがある
□ 仕事などに役立つ、なんらかの資格を持っている

### コミュニケーション編

□ 人を喜ばせることが好き
□ PTA やボランティア活動をしていたので人付き合いが広く、
友人が多い
□ 人からよく相談を持ちかけられる
□ 人と話すのが好き
□ 友人、部下や上司からの人望があつい
□ チームの中ではサポートすることが多く、縁の下の力持ち的な存在

## 今まで頑張ってきたあなたが今からできることは…

あなたの今までのキャリアの棚卸しのあとは、これからの人生について考えてみましょう。

□ あなたの好きなことや得意なことは…

□ これから挑戦してみたいことがある。
たとえば…

□ これから学びたいことがある。
たとえば…

□ 挑戦したいことはあるけれど、お金をかけたくない・お金がないから実現できない。
お金をかけない方法は…

□ 趣味がない、やりたいことがわからない。
あなたの好きなことは、やってみたいことは…

□ 将来に対する不安ってどんなことがある？
不安を解消するために今からできることは…

□ 親の病気や介護が不安で、先のことが考えられない。
あなたが今からできることは…

□ 夢や挑戦したいことを実現したい！
やりたいことが見つかったからそれを実現したい！
今からやるべきことは…

# 50代に身につけてほしい手紙を書く習慣

50代女性には、ぜひ手紙を書く習慣を身につけてほしいと思います。ＬＩＮＥやＴｗｉｔｔｅｒなどを使ったカジュアルな表現が一般的になり、仕事の打ち合わせもメールが主流となりました。しかし、正式な依頼状や礼状、詫び状などがしっかり書けるのが社会人の教養です。もちろん手書きのほうがいいのですが、パソコンでもかまいません。形式にのっとったうえで過不足なく、こちらの意図が正確に伝わる手紙を書く機会は、社会生活の中でたくさんあります。

先日も私の友人が、〝詫び状まがい〟の手紙が送られてきたけれど、まったく形式的で、誠意もなければ反省もない、と怒っていました。自分が迷惑をかけたのに、文例をなぞっただけのコピペに近かったようです。心を表す表現力をぜひ身につけなければなりません。誠意のこもった手紙をもらうと、その人の人柄も素敵に思えてきます。

まずは、ボキャブラリーを増やす文章表現の多用なパターンなど、日本語の基礎力を身につける必要があります。そのための一番の基礎は、小説や随筆に限らず、一流の文章を読み込むことです。そのうえで普段から、旅行先から手紙を書く、友人にお見舞い状を書く、礼状をせっせと書くなどの、場数を踏んでおくことです。きちんとした丁寧な日本語で文章を書くことは、社会生活をする女性の必須条件です。

## 言葉遣いもドレスアップが必要

また、社会人女性には、丁寧な言葉遣いが求められます。家族やママ友に対しては、カジュアルな話し方でもいいでしょう。ただ職場では、上司やお客様、取引相手だけでなく、同僚や後輩にも、丁寧な言葉を遣うクセをつけましょう。相手を尊重している時には、衣服をドレスアップして出席するように、言葉もドレスアップすることが、礼儀正しさや、社会人としてのけじめを表します。

親しさを示すつもりの言葉は実は、「馴れなれしい」と嫌われます。「マジ」「ヤバい」などといった若者言葉もアラフィフ女性の好感度を下げます。また、一般に男性は女性からの「タメ口」に抵抗感を持ちます。言われた本人は気にしなくても、同僚や部下に偉そうな口をきいている女性は、感じが悪いと思われてしまいます。女性同士でも、公の場でのタメ口のやりとりは聞き苦しいものです。少なくとも人前では、ドレスアップした「よそいきの言葉」を使うべきです。人の心の中までは見えませんから、中身は腹黒く意地悪な女性でも丁寧な言葉遣いだと、優しい女性と思われます。

逆に、「私は率直で正直ないい人間だから、思ったことをそのまま口にしている」という女性もいます。しかし、周囲からは内心ぶっきらぼうで恐い人だと思われているかもしれません。批判・妬み・怒りなどのネガティブな感情も職場ではストレートに表現しないで、ひと呼吸おいて伝える努力をしましょう。

## 50代からの情報リテラシー入門

情報機器やインターネットを活用して情報やデータを取り扱ううえで、重要となる基本的な知識や能力である「情報リテラシー」も現代女性に欠かせない基礎力です。

リテラシーとは、識字力、文字を読み書きできる能力です。情報リテラシーとは、サイバー空間を飛び交う情報の真偽を判断し、情報に振り回されない能力、そして不必要な誤読やトラブルを生まないで情報を発信する力です。狭義の「コンピュータを操作したり、データ作成できる」などはスキルですが、広義の「情報を活用する創造的な能力」には教養が表れます。特に仕事上知り得た情報の扱いには、細心の注意が必要です。

例えば、メールは転送されることがあります。ブログやＦａｃｅｂｏｏｋなど、自分が発信する情報は、特定の相手だけが読むのではなく、知らないうちに不特定多数の目に触れます。悪意ある第三者に利用される危険をわきまえ、用心しなければなりません。

自分の個人情報をまき散らし、無防備な私生活の情報を公開するのはやめましょう。匿名であっても、自分の幸せや楽しさの公開も節度が必要です。それを見て心を波立てる人がいて、思わぬ反感を買っているかもしれません。また、恨み・妬み・怒りといったネガティブな感情をインターネット上で吐露するのは厳禁です。知らないうちに拡散されてしまい人を傷つけ、自分の評価を下げます。第三者に見られても恥ずかしくない、吟味した情報だけしか発信しないように心がけましょう。

親しくしていた時に得た写真を別れたあとにインターネットでまき散らす、リベンジポルノという犯罪もあります。一度インターネット空間に流れた情報は、削除することができません。

発信するだけでなく、受信する側にもリテラシーが必要です。匿名で発信された悪口も飛び交っています。発信されている情報は何が真実で、どれがフェイクなのか、ネット検索で得た情報も、ウィキペディアに書かれた内容も少し疑って真偽を判断しましょう。情報の真偽にも注意を払うこと、それが新しい教養なのです。

# 日本語力を磨くには読書と新聞が最適

全ての教養と仕事の基礎は、日本語の読み書きがしっかりできることと、丁寧な言葉で話すこと、表現することです。

ではどうしたら、そうした日本語能力を身につけることができるのでしょうか。まずは、読書です。最近は、大人も大学生も読書をしない人が増えています。スマホに1日5、6時間も費やしているのに、本は読まないのです。インターネットには膨大な情報があふれ、知りたい情報はパソコンやスマホから簡単に手に入れることができます。しかし、その多くは切れ端の断片です。一方、紙の書籍から得られるものは、体系的でまとまりがあります。特に何世代も読み継がれてきた本は、人間や社会に対する洞察を深め、あなたの人間観を豊かにしてくれます。

読書の習慣を身につけるには、私は、「面白い」と興味の持てる分野の本を多読することだと思います。たくさん読むと速度も速くなるだけでなく、語彙《ごい》も増えるので、途中で引っかからずにスムーズに読めるようになります。できれば学生時代のように、集中して本を読む時間をつくることです。アメリカの大学では、学生たちにたくさんの課題図書を課します。日本からの留学生は、課題図書の多さに圧倒されるのですが、それによって、どこの部分が重要かといった、読書のコツやカンが身につきます。50歳になって新たに読書の習慣を身につけるのは難しいのですが、もう遅いなどと思わず挑戦してみましょう。「そんな時間はない?」、いえいえテレビを消して、スマホに没頭する時間を充当すれば、何とかなりますよ。本当は子どもが中高生の頃に、親子で1日30分読書する習慣を身につければよかったのですが、今からでも間に合います。

スマホのニュースより、新聞を読む方が時間の節約になります。広い分野のニュースを整理して見出しでメリハリをつけてくれ、一覧性があるからです。また、インターネット上には、フェイクニュースや偏った情報があふれて見分けがつきませんが、新聞は最低限は事実をチェックし、専門家の目で編集されています。現在の社会の見取り図を一面から、ざっと目を通して気になる記事を読み直します。そうすれば、「そんなことも知らないの?」と言われることも少なくなるはずです。

# 親の背中を見せる50歳の英検チャレンジ

先日、ある商社員の方が飛行機の中で、英検の問題集に取り組んでいる姿に驚きました。なぜなら御年50歳、仕事の上では英語を使いこなして30年近くという人だったからです。いまさら英語の資格試験を受ける必要はないのですが、子どもに手本を示すためだそうです。本人は仕事柄、これから日本人が仕事で生きていくためには、英語が不可欠という現実を痛感しています。しかし、高校生と中学生の子どもたちは生意気盛りで、親の言うことを素直には聞かないそうです。「英語の勉強のほかにもすることがあるのよ」「自動翻訳機も進化しているから英語ができない人でも不自由なく生きていけるよ」と言っているそうです。

それではならじと、「お父さんと競争しよう。少なくとも高校卒業までに英検2級を取れ、僕は1級を取る」と宣言して競争しているそうです。「やってみると結構、自分が実践的に使っている言葉の構造などがわかって面白いですよ」ということで、ご自身にとってもプラスになっていると言います。

多くのアラフィフの女性も、子どもたちの将来に英語が不可欠なことを知っています。しかし、子どもに「勉強しなさい」と言っても、「ハイわかりました」と言うはずがありません。「しょうがないわね」と諦めるしかないのでしょうか。

母親がテレビを見ながら子どもに、「勉強しなさい」と言っていても効果はありません。「親の後ろ姿」というのは、こういう時に効果を表すのです。子どもに勉強させるのが主目的であっても、自分も英検１級とか、ＴＯＥＩＣ®７００点とか、客観的に英語能力を証明する資格を取ると、親自身にも新しい未来が開けます。

英語を使う仕事といっても、はじめは地域の国際交流協会などでボランティアの活動から始めて世界を広げていけばいいのです。慣れてくれれば英語を使う仕事はホテル、免税店、レストランだけでなくあらゆる職場にあります。英語を身につけると、新しい未来のドアを開けるカギを手に入れることになります。

もちろん、英語以外の語学の需要も高まっているので、これからでも勉強する価値はあると思います。例えば、中国語です。13億の人口を抱える隣国は、急速に経済成長を遂げ、ビジネスの上でも旅行者としても消費者としても、大きな比重を占めています。ホテルもデパートも中国語を無視することはできません。英語ができる人口に比べても、中国語ができる人口は圧倒的に少ないのですが、こちらもＨＳＫ３級、２級などの資格試験があります。興味がある方は、ぜひチャレンジしてみましょう。このほか、東南アジアやインドの言語も文化的には面白く、勉強する価値はあります。

東南アジアと言えば、この地域の人たちは日本人以上に英語ができます。英語ができれば、ビジネスの可能性も広がります。ヨーロッパもフランス語、ドイツ語など文学、社会、政治の研究者として深く理解するには、その言葉を学ばなければならないのですが、普通のビジネスや生活のレベルは、英語でコミュニケーションができます。そういった意味でも、やはり英語が不可欠なのかもしれません。

## 語学を身につけるには諦めずに続けること

語学の勉強はいろいろな手段があります。本や参考書、ラジオ、テレビ、ＣＤ、インターネットを利用したｅラーニング、語学学校などなど。費用と使い勝手はそれぞれ違うので自分が続けやすいのはどれか、費用はどこまで負担できるか、見極めて選びましょう。費用が安いと、ついさぼってしまうので、諦めずに続けることができるかがポイントです。確かなことは、努力しないで上達する方法はないということではないでしょうか。「コツコツ努力する」「今さらと諦めない」「何のためにこんなことをしているんだろう」と迷わないことだと思います。

まずはじめに、1冊基本の参考書をしっかりマスターしましょう。その途中で、ほかのことに手を出してもいいのですが、1冊最後まで終えることが、基本を身につけるためにはとても大事です。そのうえで新聞などからボキャブラリーを増やしていけばいいのです。

# 50代大学デビューという選択

アラフィフになってしっかり仕事をし、家庭を持っていても、学歴コンプレックスがあるという人がいます。

「転職をする時にも、履歴書に高卒と書くのは恥ずかしい」「短大卒で肩身が狭い」と内心悩んでいる人がいるそうです。女性の場合は特に、学力と学歴が必ずしも一致しません。高学歴でなくても、学力の高い人は多いのです。

それは1980年代までは女性に学問はいらないと考えている親がいたので、能力があるのに、家庭の方針で進学できない人が多くいました。

実際、女性は大学に進んでも就ける職業は少なく、民間企業は、短大卒を歓迎し、4大卒は採用しないというところもたくさんありました。家計的に無理をしても息子は大学に進学させるけれど、娘の学費までは払えないという家庭も多かったのです。

しかし、1985年に男女雇用機会均等法が制定され、少しずつ高学歴女性の就職先も増えてきました。それでも90年代半ばまでは、4年制大学に行くより、2年制の短大に行く女性が多かったのです。短大を出て大企業で数年間補助的な仕事をし、結婚して退職するのが、女性のスタンダードな生き方でした。

ところが2000年代になり、女性で4年制大学への進学が増えていくのに対し、短大進学者はどんどん減り続け、2016年には4年制大学進学者が46％なのに比べ、2年制短大進学者は9％余りとなっています。

自分は当時としては、女性としてよい教育を受けたつもりなのに、若い人はどんどん自分より高い教育を受けてきているというのが現実です。

しかし今の大学生は教養がない、質が低いと批判されることがあります。確かに一世代前なら、学力不足で大学進学を断念していたような高校生も進学できるようになっています。18歳人口は減っているのに大学の数や定員は増えています。定員割れしている大学もたくさんありますから、この大学でなければとこだわらなければ、進学希望者は全員進学できる時代です。だから若い人と比べる必要はなく、高卒でも、短大卒でも、自分は当時としてはよい教育を受けたんだ、と自信を持っていてよいのです。しかし、どうしてもコンプレックスになるのなら、学歴を高めるために行動を起こすべきです。

学費を安く抑えたいなら放送大学です。通信制の大学もあります。最近は、インターネット大学もできています。好きな時間に自分の家のパソコン（テレビ）で授業を聞き、レポートを書き単位を取って卒業します。しかし、これは意志が強くないと長続きしません。実に90％以上の人が途中で挫折しています。ですから思い切って、社会人入学をすることをおすすめします。短大卒業の資格のある人は、3年に編入できますから学費も半分ですみます。自分の関心や興味のある学科を選んで、20歳前後の学生と机を並べて勉強するのは、素晴らしいセカンドスタートになるはずです。

多くの私立大学は社会人入学の制度がありますから、高校生のような受験勉強はいりません。一般学科試験でなく、面接だけのAO入試、（Admission Office）もあります。ただ、子どもの学費は無理してでも出そうと思うのに、自分のために、それも学歴を得るためだけに、多額の学費を出す決心はつかない方が多いでしょう。ましてや、子どもが在学中の場合は、経済的に苦しいでしょう。子どもが大学を卒業したら、それはひとつのチャンスです。子どもの教育費が終わったら、次は老後資金を、と思わないで、その一部を学費にしてみてはいかがでしょう。人生100年時代は、それが投資となって就職の機会を広げ、最大の老後対策になるかもしれません。

２０１９年からは、専門職大学もスタートします。これは今の専修学校や専門学校のように職業に直結する資格やスキルを学ぶ大学ですが、学士号も取れます。今後の注目株でしょう。

## 長期履修制度を利用してじっくり学ぶ

大学を出た人が、さらに大学院を目指すという場合もあります。

今までの日本の大学院は、研究者か大学で職を得たいと思う人が学ぶ場でしたが、最近は企業で働いている人や公務員も学ぶ場になっています。理工系の場合、大学の学部を卒業してすぐ大学院の修士まで進学している人が20％近くと比較的多くいますが、社会科学、人文系の場合は、10％にも達していません。

アメリカでは、研究者を目指す人だけでなく、一般の職業人が修士号や博士号を持っているのが普通ですから、日本とはかなり違います。アメリカでは大学を卒業して、しばらく仕事を経験してから、大学院に行く人も多数います。職場で昇進したいと思ったら、修士号を取らねばという話もよく聞きます。日本ももう一世代もたつと、アメリカと同様に大学院を出ていないと肩身が狭いという時代が来るかもしれません。

大学院は、学部以上に社会人入学を歓迎します。長期履修制度を利用してじっくり勉強する、大学院生の身分を楽しむというのもアラフィフ女性のライフスタイルとして定着すればと思います。

大学、大学院は、第2の人生に踏み出すためにバッテリーチャージをする最高の場所です。20代までは勉強が嫌いだった人でも、社会に出てから学びなおしたことで、勉強がこんなに面白いものだということを発見できたという人もたくさんいます。

## 学歴があるのと教養とは別物

ただし、「よい大学をよい成績で卒業した女性」が、社会人として能力を発揮するわけではありません。学校では成績がよいと、周囲から「頭がよい」とみなされ、尊重されるので、プライドも高く自己評価も高くなりがちです。しかし、受験で必要とされる能力、与えられた問いに速く正確に応えられる能力を持つ人が、必ずしも教養があるとは限りません。学歴にプライドを持って頑張るのはよいのですが、それを振りかざしたり、評価されることを求めすぎると、再就職をする時の選択の幅が狭くなります。再就職をする時には、「学歴にこだわらず、どんな仕事でも嫌がらずにします」と言い、実際にそのように振る舞うべきです。

現実の職場や人生で大事なのは、自分の学歴や価値観に固執することではなく、柔軟に状況に適応できる能力です。言うまでもなく自分の強みが生きる場に身を置き、それを発揮できれば幸せですが、そうでない場合の方が多いのです。それでも与えられた場でベストを尽くしましょう。

言われたことをきちんとできたり、与えられた課題を処理したりするだけでなく、そのうえで何かを自分で付け加えることができるのが能力です。学歴だけでは、社会で役に立ちません。再就職の時は、高学歴女性は、特に心して自分の殻を破りましょう。

本当の教養と言うのは、知識をひけらかし、他人の欠点を指摘し、できない理由を並べ立てることではなく、どうすればできるかを考え、可能性を探してチャレンジする力です。批判して行動しないのが知性ではありません。

# 女性が活躍できる企業と働き方とは

新しいスタートには就職先を選ぶ能力も重要です。最近「女性活躍」というスローガンが、いろんなところで聞かれます。どの企業も、「女性が出産後も仕事を続けることができるように制度を整えています」「女性管理職の登用につとめています」と言っています。しかし現実には、制度はあっても活用されていなかったり、狭き門で一部の総合職の女性だけが機会を与えられていたり、女性の管理職も課長以下ばかりと、決して十分とは言えません。企業による差も大きいというのが実情です。女性が活躍できる企業とは、どういった会社なのでしょうか。

昭和女子大学女性文化研究所で、株式上場企業の公開されている情報をもとに、「女性活躍企業」調査を行いました。この調査の目的は、大学生が就職先を選ぶ時に客観的な基準を提供することでしたが、アラフィフの女性が就職する時にも何の数字が何を表すか参考となると思います。

残念ながら、現状では上場会社は、正社員として、アラフィフの女性をほとんど募集していません。アラフィフ女性は、大企業より中小企業に狙いを定めるほうがいいでしょう。というのは、日本では、年齢が高いほど買い手市場の傾向があるからです。中小企業はピンからキリまで数多く、内容もさまざま。しかも情報は十分公開されていないので選ぶのは難しいのですが、「当たって砕けろ！」、まずはパートや契約社員から始めるのもいいでしょう。

ただし、その際に、女性の平均勤続年数が短すぎる企業は、使い捨てにしている可能性が大きいので注意しましょう。女性が社員に占める割合、男女別の平均勤続年数と平均年齢を見ると、女性の比率が高く、しかも長く働いている企業は、女性社員が働き続けやすいと想像できます。女性管理職の数と比率、男女の賃金格差も女性が責任ある地位についているかどうかの目安になります。女性の勤続年数が短いということは、男女の賃金格差も大きいと考えられます、そういう企業は女性の管理職比率も低いでしょうから、あまり女性にとって居心地はよくない可能性が高いです。また、ファミリー企業やベンチャー企業の場合は、社長の人柄や考え方が大きな影響を持ちます。せめてインターネットや口コミで、経営者がどんな人か、確かめておきましょう。あくまでも伝聞で真実は違うかもしれませんが、個性の強すぎる経営者は、相性が悪そうならやめたほうが無難かもしれません。財務諸表も公開していれば、概要だけチェックしておくことが大切です（自分で読めなかったら友人に解説してもらいましょう）。多くの場合、中小企業は公開情報が十分ではないですが、従業員が301人以上ならば、女性活躍の行動計画を策定しているはずです。

入社してもはじめはできるだけアンテナを鋭くして、勤務し続けてもよいか、早く辞めたほうがよいか考えましょう。「せっかく就職したのにすぐ辞めたら、信用がなくなる」と、心配することはありません。アラフィフ女性の人生の時間は、大事に使わなければなりません。

中小企業でも正社員採用は慎重ですが、パートタイマーや、契約社員の求人はたくさんあります。年齢制限も高めです。最初から正社員よりパートで働き始めるのが現実的です。パートや契約社員からの正社員転換ができるのかどうか、確認しておきましょう。

業績のよい中小企業の場合は、人材を求めていますから、アラフィフ女性も大事な戦力です。そうした企業は65歳まで働けるところが大部分です。またトップの影響力が強いですから、トップに気に入られれば、定年後も嘱託などで働けるケースもあるようです。逆に業績が悪くなると、社員の処遇にすぐ反映すると覚悟しておきましょう。大企業のように安定した条件は期待できません。しかし、中小企業は、仕事の全体像が見えやすく、任されれば仕事の責任も持てます。そこで仕事の仕方がわかれば、その後、自分で独立して仕事をするうえで大きな経験になるはずです。

## 起業するという選択肢も

また、自分で起業するのも選択肢のひとつとです。日本は「寄らば大樹の陰」とばかり安定した大企業で働きたい人が多く、起業率が低いため産業革新が起こらないと政府は心配して起業家を支援しています。とりわけ、女性の起業家を育てようと躍起になっています。そのため商工会議所はじめ、いろいろな公的な起業塾があり、政策投資銀行なども女性の起業に特別融資を行っています。そうした起業塾では、事業計画書の書き方を学び、財務や経理の初歩、マーケティングの基本も教えてくれます。しかし、「何をするか」「どんな事業を始めるか」は、自分で決めなければなりません。

起業未経験のアラフィフ女性は小規模に低リスク、低リターンで始め、徐々に広げていくというやり方がよいのではないでしょうか。

例えばオフィスや店舗を借りず、自宅で始め、軌道に乗ってから賃貸で場所を確保するというような方法はいかがでしょう。自宅の前が通行量の多い道路なら、一隅を改装してタイ焼きやソフトクリームを売るというのも起業のひとつです。

これから需要が増えて注目されるのは、高齢者介護と家事代行サービスです。高齢化が進む中で、各種の高齢者向けのサービスは需要が伸びる一方です。働く人を確保するのが一番の課題ですし、楽な仕事ではないので使命感を持って取り組まなければなりませんが、介護保険でカバーされるサービスなら確実に介護料は保険から支払われます。居住型高齢者施設は大きな資本がいるので、社会福祉法人や株式会社でないと難しいのですが、デイサービス、訪問介護などは小さな資本で始めることは可能です。

家事代行サービスも共働き家庭が増えるにつれ、需要は伸びています。掃除の需要が一番大きいようですが、料理・買い物などの家事一般、高齢者の付き添いなどたくさん仕事の種類はあります。テレビドラマ「逃げるは恥だが役に立つ」（ＴＢＳ）の主人公が、掃除や炊事などの家事代行を仕事としたことで、その価値に関心が高まりました。

多くの女性は趣味を生かした小物やお洋服を売る小さなお店、花屋さんやお菓子屋さんのオーナーに憧れますが、モノは売れなくなっていますし、マーケティングに特徴を出すなど、ビジネスセンスが要求されます。

これからはモノよりサービスです。そうは言っても普通の料理教室や茶道・華道は、生徒を集めるのが難しいでしょう。しかし、これから増える日本を訪れる外国人観光客に特別な体験をしてもらう日本料理教室や茶道体験のように特色を出すことで可能性は広がります。自分がビジネスを始める場合は、自分の特性を把握して、自分がやりがいを感じるビジネスを選びましょう。

もし、自分と違う得意分野を持っている友人と組めれば、心強いでしょう。例えば、あなたが人と話すのが好きで、人の世話をこまめに行うのであれば、反対に友人は数字に強くきちんと会計処理するのが得意であるなど、お互いのよいところを生かせるようにすれば、ひとりで行うよりよい結果が出るのではないでしょうか。

# 新しい職場で適応するための心がまえ

新しい職場にデビューするのは不安がつきものです。ましてやアラフィフの場合は、はじめは新人として、職場の様子を観察しましょう。少人数の職場でも和気あいあいとしてみんなの仲がよければよいのですが、派閥（！）があって対立していたり、いじめや仲間はずれがあったりする職場もあります。

一番のムードメーカーで皆に影響を与える人は、肩書きがなく長年働いている40代の女性だという場合もあります。そういう状況を見極めるには少し時間がかかります。知らないで地雷を踏まないように気をつけましょう。様子がわからないうちは情報収集、慎重運転、注意徐行です。

男女を問わず、年下だからといって上司に馴れなれしい口を利くのは、絶対NGです。上司には敬語を使いましょう。年下でも職場の先輩にも、基本的には丁寧語を使います。

少しずつ周囲の状況に合わせた言葉遣いに変えていけばよいのです。はじめは丁寧過ぎるくらいがちょうどよいのです。

もうひとつのNGは、自分の経験や経歴を振りかざすことです。過去の「栄光」は、リセットしましょう。自分は前の職場では年商いくらを売り上げていたとか、自分はこれこれの肩書きがついていたとか、自分はあの人を知っているとか、この人を知っているとかいうのはやめましょう。

「私が前に働いていた職場では…」という、「ではの守《かみ》」は嫌われます。もしそれが大企業や華やかな職場だった場合は、さらに強く反発されます。「アメリカでは」「中央省庁では」などといったら、確実にアウトです。

日常の事務処理のやり方、例えばコピーの向きだとか、書類の整理の仕方など、それほど重大でないやり方に「自分らしさ」を発揮する必要はありません。こちらのやり方のほうが、合理的で能率が上がるのにと思っても、それが致命的に大事なことでないなら、「郷に入れば郷に従え」で、職場のルールに従います。少し慣れて1、2年もすれば、「こちらのやり方はどうでしょうか」と提案してもよいですが、波風を立ててでもやらねばならない、必要不可欠な改革はそれほどありません。それより誰に指示を求めるか、報告すべきなのか、レポートラインをしっかり意識しましょう。

## 自分の強みは積極的に発揮する

些細《ささい》なことは、おとなしく従っていればよいのですが、何か自分の強みを発揮する機会があれば、逃さず活用します。英語だったり、財務諸表の分析だったり、自分の特技を発揮できる仕事がやってきたら、私に任せてくださいと前に出ましょう。新入りだからいつもおとなしくしていなければならないわけではないのです。そのうえで自分が希望して引き受けた仕事は精一杯頑張って、よい成果を出すようにしなければなりません。はじめが肝心です。「おっ、あの人はこんなこともできるんだ」と、一目置かれると職場の居心地はよくなります。

また、誰かが残業している場合は、自分で勝手に手伝うのでなく、レポートラインの上司に、「私は今日は時間がありますから手伝えます」と申し出ます。また、土曜日に出勤する当番を都合の悪くなった人と変わるなどの申し出は特に感謝されます。小さい子どもがいる社員にとって、土日は重要ですから。

あとから入社した人は、みんなから今度の新人はどんな人だろう、と注目されている間に、「よい評判」をつくる行動をしなければなりません。

新しい職場では自分の過去の「栄光」を知っている人がいないのは、寂しいことではありますが、過去の失敗や未熟さを知っている人も少ないのです。ゼロからのスタートとして、新しい職場で新しい自分のイメージをつくるのも楽しいものです。

# 古巣で気持ちよく仕事を続けるための極意

いろいろな条件を考えて、転職するより、今の職場で働き続けて行こうと決めたあなたは、どのように振る舞わなければならないのでしょうか。まずは「縁の下の力持ち」として労をいとわず働くことです。

厳しいこのご時世、年を取って年功で実力に見合わぬ高い給料や地位を得ている場合は、肩たたきの候補者です。勧奨退職金を上乗せされるとはいえ退職を迫られたり、関連子会社に出向させられたりしてしまいます。それほど「出世」していなかったり、反対に余人をもって代えがたい得意分野の仕事をしている場合は、そのまま定年まで有り難がられながら勤続することができるでしょう。働き続ける以上は気持ちよく働き、周囲と仲よく過ごしましょう。

そのためには自分より若い上司や、もっと若い同僚たちにとって、馴染めない存在や、煙たい存在にならないことです。自分のほうが今の若い人たちに、何か馴染めないと思っていたら、意識してにこやかに機嫌よく振る舞う努力が必要です。自分の居心地が悪ければ、周りも気を遣っている公算大です。人間関係には、一方通行はあり得ません。

まずは相手から話しかけられるのを待っていないで、自分から話しかけたり、自分から挨拶したりするようにします。自分は相手が興味を持つ話題がないと思うかもしれませんが、向こうもそう思っているのです。自分から雑談をしましょう。テレビや新聞の話題でもいいですが、ちょっと自分の意見をつけ加えましょう。家族の話でもペットの話でもいいのです。ペットの自慢は受け入れられますが、子ども自慢、夫自慢は大いに控え、むしろ笑い話や失敗談の主人公として登場させましょう。雑談で注意したいのが、共通の知人の悪口は決して言わないことです。悪口だけでなく、知人の失敗や事故、病気といったような噂話でも、自分が言われて嫌なことは話さないようにします。

## 若い人にはリバースコーチとして教えを乞う

若い人に教えを乞うことも必要です。相手に時間がある時を見計らって、若い人の得意分野、例えばスマホやパソコンの使い方から始まって、相手の得意としているジャンルの音楽や芸術の最新の状況を聞きましょう。相手の得意なことについて、興味津々の態度で聞いていると、熱を込めて話してくれます。それによって自分が知らなかった新しい世界に目が開かれますから、彼らはアラフィフの女性にとってリバースコーチです。

リバースコーチとは、自分の知らない世界を案内してくれる若い人のことです。車も、ゴルフも、サッカーも私は興味がない、関係ないと決め込まず、相手のうんちくや自慢話のよい聞き役になりましょう。熱心に合づちを打てば話はつきません。

このような雑談に加えて、年長者として若い人にとって、役に立つことも伝えていきましょう。豊臣家が大坂城で滅んだあとも、北政所《きたのまんどころ》が徳川家から大事にされたのは、政治的な理由だけではありません。北政所は、秀忠が宮中に参内《さんだい》する時には、「この装束を着て、挨拶はこのように」と自分からアドバイスしていたそうです。銀座のママさんたちも、経営者に連れてこられた若い人を大事にもてなします。慣れなくてドギマギしている男性に、「こういう場面では、こういう風に振る舞うといいのよ」と年長者として親切にアドバイスします。そうすると、将来その若手が出世した時、顧客として戻ってきてくれるそうです。その知恵を学びましょう。本業の仕事を教えるのではなく、周辺の自分の得意なことを教えるのです。

若い社員に儀式のときの振る舞い方を教えたり、「昔、会社が苦境に立った時に救ってくれたから、あの人は大事にされているのだ」とか、「朝会の時の歌は、こんな意味があるのだ」と語り部として、会社のヒストリーを伝える役割を果たすのもいいと思います。また、自分の知っている人を紹介するなど、求められてなくても、役に立つだろうと思うことをこちらから〝お節介〟として伝えるのです。

ただし、〝お節介を焼く〟にも〝よいお節介〟と〝悪いお節介〟があります。相手から「煩《わずら》わしい」「そんなことは知っているよ」「うるさい」と思われるのは〝悪いお節介〟です。本当に相手に必要なこと、足りないこと、喜ばれることを、頼まれないでも進んで行うのが〝よいお節介〟です。よいお節介ができる女性、目配りができる女性を目指しましょう。

あくまで相手の立場に立って、「これから会社を背負う人は、こんなことを知っておくといいと思うわよ」とか、「たいしたことではないけれど、こんな気配りがあなたの格を高めるから」という、相手によかれと思ってという姿勢を忘れないでください。自分の思い込みで見当違いの〝悪いお節介〟をしないためには、タイミングと相手の置かれた状況を見る賢さや、相手に役立つ知識やスキルを持っていなければなりません。

長く勤務しているうちに、職場で周りの人の感情や受け取り方に無頓着になった女性も中にはいます。「何でもずけずけ言えるのが年の功よ」などと言って、言いたいことを無遠慮に場違いな発言をする人は、「厚かましい」と思われています。自分が先輩であっても、年長者であっても、今、発言してよい時か、どう発言すべきかＴＰＯに配慮し自制できれば、厚かましいおばさんとは言われなくなります。

また、仕事の話は簡潔に、わかりやすくしましょう。雑談の時はどれだけ時間がかかっても、話があっちに飛んだりこっちに来たりしてもよいですが、仕事の時は簡潔な表現に努めましょう。前置きをだらだらして、結論までに時間がかかり過ぎるとか、途中で別の話になって、相手から「要するに何を話したいのよ」と思われたりしないように気をつけましょう。会議や報告をする時は、結論ファーストで、端的にわかりやすく言うことです。仲間同士では弁が立つアラフィフ女性にも、人前で公式な発言をするのは苦手という人がいます。理由のひとつは経験不足ですが、もうひとつは事前の準備不足です。何を言うのか、前持って準備をすることです。

会議での発表や、プレゼンテーションをすることになったら、まず事前に何を言うかポイントを記した簡単なメモをつくりましょう。メモは、自分だけにわかる単語だけのものでもよいのです。文章にするのは、はじめの決まり文句のところだけでもよいのですが、柱建てはきちんとメモします。そして練習です。３回は自分で練習してみましょう。

練習と聞くと面倒臭がって「今までこれで来たのだからもういい。いまさら上手にならなくていいんだ」と思っていると、進歩がありません。ほかの仕事でも同じように進歩しない人になってしまいます。努力しない人、現在のままでいいやと思っている人、新しいスキルから逃げる人は、誰にとってもお荷物です。

会議での発言や、打ち合わせの発言も、自分が言いたいことだけでなく、どうしたら相手に伝わるか、考えて発言しましょう。仕事のメールも、まずわかりやすい表題をつけ、結論から先に書くように心がけます。

# お局様ではなく話しやすい先輩を目指す

アラフィフの女性は、自分が思っている以上に周囲にとって、煙たい存在であると覚悟する必要があります。

自分が20代だったとき、30代の先輩、40代のベテランは、別世界の遠い存在だったことを思い出してみればわかります。自分は年を重ねても、昔のままで気は若いつもりですが、周囲はそうは見てくれません。

ミスした後輩も、「しょうがないわね。この程度のこともできないの」などと言葉で咎めなくても、相手はばかにされた、非難されたと思ってしまうかもしれません。そう思っても仕方がないと、そのままにしておくのではなく、自分から、「気にしないでいいよ。みんなよくやるミスなのだから」と声をかけましょう。もっといいのは、後輩が頑張って何かをやり遂げたときに、「この程度できるのは職業人として当たり前でしょう」とばかりに無視するのではなく、「よくできたわね、頑張ったね」とほめ言葉をかけることです。「これだから、若い人は困るのよ。できるのが当たり前なのに、ほめてもらおうなんて甘えるな」という気持ちをぐっと抑えて、未熟な人を育てるのが自分の仕事だと、先生か母親になった気持ちで接しましょう。

自分たちが若い頃は、ほめてなんてもらえませんでしたし、ミスをしたら怒られて当然でした。でも自分も先輩の立場になった時に、同じように振る舞っていいんだと思ったら、嫁と姑、新兵と古参兵になってしまいます。

若い世代は、あなたとは別の育ち方をしていくのです。ある程度親しくなってからアドバイスすれば受け入れられても、親しくないうちにアドバイスすると、警戒して嫌われてしまうことが多いのです。まずはほめることからスタートです。

## 自分から声をかけることを心がけて

では、どうやって若い人と親しくなるのか。前にも会話や挨拶は相手がするのを待っているのではなく、自分のほうからするとよいと言いました。すれ違った時、顔を合わせた時、「元気そうね」などと、なんでもよいので自分から声をかけるようにします。声をかけにくかったらにこっと笑いましょう。ランチや飲み会も、後輩からは声をかけにくいものですから、たまに自分から声をかけて、はじめて付き合いやすい先輩だと思われます。費用は割り勘でも、少し多めに払うのを忘れてはいけません。きっと私と一緒では気づまりだろうからなどと、本人は遠慮しているつもりでも、いつも別行動をとっていたら、付き合いにくい人だと思われてしまいます。

職場にもよりますが、定例的な懇親会にはできるだけ出席して、楽しみましょう。話題が合わなかったら、にこにこ笑顔で聞いているだけでもよいのです。「つまらないなあ」という顔をしたり、自分の興味のある話題に引き寄せたりするのはやめましょう。

そんなにいつも甘い顔をしていたら、軽く見られるのではないかと、心配することはありません。仕事の上で実力を見せればよいのです。プライベートの場で「実力」を見せる必要はありません。仕事の実力は成果だけではなく、姿勢や態度でもよいのです。時間前に必ず来る、報告をきちんとするなど、日頃から仕事に対する真剣な態度を見せると、よいお手本になります。

# これから求められる新しい教養とは

どんな仕事をするにも、教養は人間性の基礎で、そのうえに職業能力や創造性が花開きます。では教養があるというと、どんな人をイメージするのでしょうか。

本をよく読んでいて、博識、それに加え音楽やスポーツなど一通りできるという感じでしょうか。あるいは、マスコミや流行の議論に振り回されず、しっかり自分の意見を持っている人というイメージでしょうか。

昔の中国の士大夫《したいふ》（インテリ官僚）は、『四書五経』のような古典を読み、詩をつくり、琴をたしなみ、将棋をさし、絵も描くといった教養を身につけるべきだと考えられていました。西洋でも、「教養がある人」とは、ラテン語で古典を読み、論理学、修辞学、数学、哲学のようなリベラルアーツを学んだ人というイメージがありました。

私も、教養とはすぐには役に立たないけれど、時代が変わっても古びることのない基礎的な知識の集積と思っていました。

しかし、教養に対する考え方は、現在、急速に変わってきています。単に知識をいっぱい持っているだけならば、ＡＩに勝てません。

知識を活用して課題を解決する力を持つことこそ、真の教養だというのが新しい考え方です。大学の授業でも教師から一方的に教えるのではなく、双方向で意見を交わし、自分の先入観や思い込みを訂正し、新しいアイデアを育てていくというアクティブラーニングが広がっています。

もちろん、議論するにも課題を解決するためにも基礎知識が必要ですし、解決しなければならない課題に気づき、発見するにも基礎知識が必要です。まず、高校の教科書レベルの「常識」は身につけなければなりません。そのうえでアラフィフの女性は、若い世代と違って、いろんな経験の中から自分の適性を伸ばします。

## 学びを生かして活動に結びつける

勉強する時には、何が目的なのか、次にあげる項目を真剣に考えてみましょう。複数当てはまる人もいるでしょう。このような視点で自分の興味を考えてみると、大体の方向性が見えてくるかもしれません。

1 職業に直接役に立つ知識やスキルを身につけたい
2 人間の心や行動に興味がある（宗教・文学系）
3 社会や経済の仕組みや問題、課題に興味がある（経済・法律）
4 地球環境や健康、生命に興味がある
5 インターネットや情報、メカやプログラミングに興味がある

それぞれの興味を追求し、それにつながる職業を探します。好きこそものの上手なれ、というように、好きで始めたことを極めていくうちに、ライフワークに出合えるといいですね。

できれば、仕事にも役に立ち、自分も興味が持てる分野があれば一番よいのですが、一致しない時は、どちらを優先するのか。私は興味を持てる分野を優先すべきだと思います。

今すでに仕事を持っている場合は、仕事に関連する得意な分野の中から学ぶ対象を選ぶのが効率的です。これから仕事を探す、仕事を変えるという時は、新しく始める仕事に関連のある勉強を優先して、自分の市場価値を高める勉強をするべきです。前に述べたように、仕事探しの勉強は、先延ばしにしないで、すぐに始めなければなりません。

勉強したことを生かして、活動に結びつけることが重要です。明確な資格、技術を取得しましょう。社会や経済に興味があるなら、その分野の学会に加入したり、活動に参加しましょう（公募論文などに応募すると、いろんなグループから声がかかります）。

退職後は、勉強の場で出会った仲間とNPO法人や企業組合をつくって活動するのもよいと思います。学びが新しい世界を開いてくれます。現実の活動を通して、いろんな価値観の人がおり、いろんな人生があり、いろんな幸せがあるのだとわかると、〝人間いかに生きていくべきか〟という哲学的な課題にも、自分なりの考えが育ってくるのではないかと思います。哲学や宗教学は若い時よりも、人生についてより深く考える50歳前後で学ぶほうが新たな発見があります。

50歳を過ぎてから、参禅《さんぜん》したり、得度《とくど》して出家したり、修験道の修行をしたりする人もいます。仏教でいう知性・知慧《ちえ》とは、悟りを開いて煩悩から解放されることを言います。哲学や宗教学は知識を与えるのではなく、新しい世界人の視点を与えてくれるのです。

繰り返しますが、人生を豊かにする教養と仕事に役立つ専門知識やスキルは違います。

単に「教養のある人になりたい」などという勉強はやめましょう。

Message

経験を積んでからの
学びには
若い時とは違った
新たな発見がある

# 第４章

# さあ新しいステージへ
# 出発の時です

## アラフィフ世代の未来を覗き見　データ その4

60歳以上の男女に聞きました

### 60代前からやっておけばよかったと思うこと（複数回答）

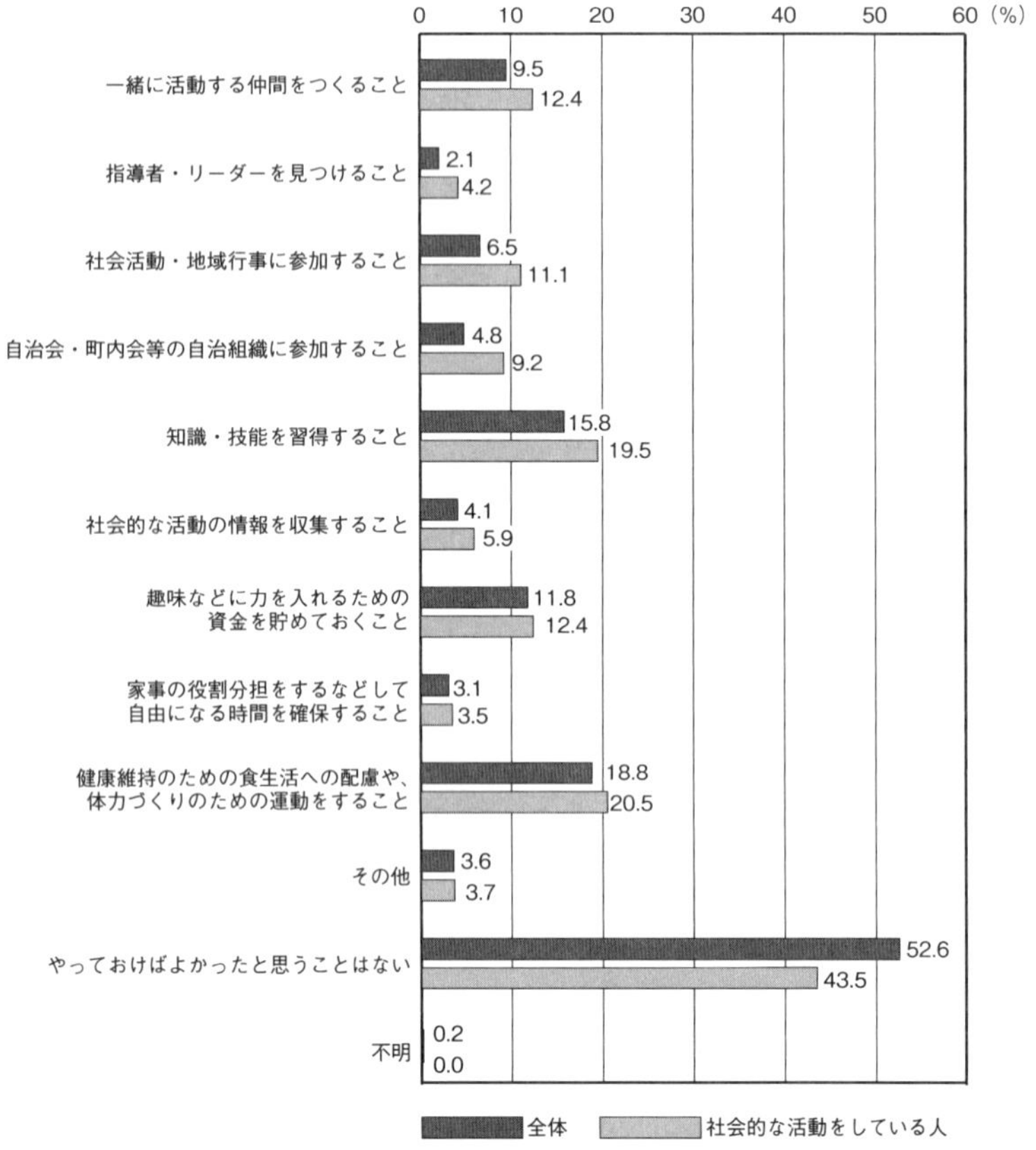


出典：内閣府『平成29年度版　高齢社会白書』

# 未練を捨てて新しいステージへ

私は人生の若い時である前半が上り坂、後半が下り坂という考え方は間違っていると思っています。後半期は下り坂と決めつけると、後半期はそれまでに持っていたものを失うだけで新しい出会いや成長がないように思ってしまいます。後半期も人生の重要なステージです。それぞれのステージでそれぞれ目標があり、それぞれの課題があり、喜びも楽しみも苦しみもあるのです。新しいステージで、一生懸命に生きると考えましょう。

その点、インド哲学の人生を４つの時期に分ける考え方は、私にはしっくりきました。４つとは、学生期《がくしょうき》（修業期間・準備期間）、家住期《かじゅうき》（働き盛り）、林住期《りんじゅうき》（社会やコミュニティで活動する）、そして遊行期《ゆぎょうき》（自由でとらわれない個が確立する時期）です。

50歳前後は、この家住期から林住期への移行期です。親であること、会社人間であることのステージが終わり、次のより広い場で活動する第3のステージへ移るのです。ライフシフトで言えば、「勉強―仕事―引退」のうち、仕事と引退の間のステージです。

子離れ、職場離れは、大事なステップです。母親業は充実した楽しい仕事です。「自分が人生で輝いていたのは、子育ての繁忙期」という女性がたくさんいます。先日も、私が回答している、ある雑誌の身の上相談コーナーで、「27歳の息子が定職にもつかず、結婚する気がない」と気を揉《も》む母親からの、「息子が自分に頼りきっていた幼い頃が懐かしい」という相談がありました。それに対する私の答えは、「未練がましく子どもにしがみつくな」です。お互いに頼り頼られ、依存している関係は、ある意味心地よく、「私がいなくてはこの子はダメなのよ」と、生きる張り合いを与えてくれたかもしれません。しかし、それをいつまでも続けていると、お互いに次のステップに踏み出せません。思い切って、前のステージでの関係を切らねばなりません。

私は18歳で東京の大学に進学した時が、親離れの時期でした。人によってその時期は、就職した時など異なるかもしれませんが、大人になった子どもに精神的にいつまでもしがみついていてはいけません。成人した子どもは、親元を離れて、生活させるようにしましょう。たとえ同居していても、食事や洗濯、掃除は自分でしなさいと突き放すべきですし、就職したら経済的にも自立させ、家庭へ何がしかのお金は入れさせるべきです。

会社についても同じです。定年まで会社一筋という生き方を選択するのもひとつですが、アラフィフの女性は、そろそろ会社離れを心がけ、外の世界に目を向けるとともに、必要でなくなった書類や本を整理する、道具を捨てるなどの整理をしましょう。子どもにしがみつく女性が新しいステージに踏み出せないように、職場の肩書きや居心地のよさにしがみついていると、新しいステップに踏み出せません。

とはいうものの、子ども時代から青年期への移行が思春期で、その時期にはいろんな摩擦や迷いや困難があります。同様に家庭・職場第一の家住期から、より広い活動ができる林住期への移行も、ある程度の迷いや悩み、混乱があります。それが、老年期へ移行する過程、〝思秋期〟とも言われるこの時期の特徴です。悩みや迷いも「想定内」と覚悟します。体調のうえでも、更年期と言われる不調が生じる女性もいます。更年期障害も、我慢して悶々とし続けず、不調の時は、病院を受診しましょう。

感傷にふけって帰らぬ過去を振り返るばかりではなく、これから何をしよう、どんな準備が必要か、未来志向で考えましょう。そのセレモニーとして、身のまわりを整理することは、気持ちを切り替える効果があります。

# 親の介護が心配というのを言い訳にしない

人生が長くなっているのはアラフィフの女性だけではなく、その親の世代の人生も長くなっています。今アラフィフの女性の親の年齢は、75歳から85歳程度でしょうか。75歳以上の後期高齢者は全員、介護が必要になると思い込んでいるのは一昔前の常識です。

今は75歳以上の要介護率は、23．5％（平成29年度版高齢社会白書）です。85歳でも半数が介護なしで生活しています。もちろん、要介護者は少ない割合ではありませんが、介護を必要としない人が思いのほか多いのです。あなたの予想よりずっと少ないのではないでしょうか。さらに今は介護保険もあり、デイケアセンターや、訪問介護、有料老人ホーム、サービスつき高齢者住宅などの施設も整備されつつあります。

たとえ親の介護が必要な時が来ても、こうした公私のサービスを組み合わせて、自分が仕事をしたり勉強したりする時間を生み出すことはできるのです。子育て期に、保育所や幼稚園、小学校やアフタースクールサービスを組み合わせて、仕事や自分の時間をつくり出したように、介護を必要とする親がいても、公私の福祉サービスを組み合わせて仕事や自分の時間をつくり出すことはできます。

しかし、子どもの保育は3歳で幼稚園、6歳で小学校と期間が明確で予想できますが、介護はどれだけの期間がかかるか予想できません。確かに、長期にわたるケースも多いのですが、それに適応するシステム、体制をつくればよいのです。それに子どもは6歳になれば保育所から出なければなりませんが、親はいったん入所すれば入院治療が必要でない限り、高齢者福祉施設から出されることはありません。

## 介護をすべて抱えこまないための準備

介護が必要になった場合どうするかは、第一義的には親自身が当事者であり、あなたはその支え手です。まず親がどのように過ごしたいのか、希望を聞きましょう。自宅で独立して過ごしたいのか、有料老人ホームに入ることを考えているか、同居を望んでいるかです。その希望が実現可能かどうか、自分がどの程度サポートすることができるか、率直に話し合いましょう。親が子どもが責任を持つべきという古い考えだったり、自分の健康に自信がなくなってきたりすると、まだ自分で生活できるうちから子どもに頼ろうとします。しかし、それは双方にとって不幸です。できるだけ自立している高齢者や、施設で暮らしている高齢者と交流する機会を持たせて、親自身が自立を望むようにし、過ごせる環境をつくりましょう。それでも親が子どもに同居を望む時は、冷静に自分ができること、できないことを理解してもらいましょう。

もちろん、自分を愛し育ててくれた親の介護をするのは、自分の当然の義務だと考えて受け入れる覚悟があるなら、それも立派な選択です。しかし、親の介護で自分の人生の可能性を制限したくないと思っているならば、その前に介護以外に「やるべきこと」を持つように、できるだけ早く、その準備をスタートすることが大事です。

親の介護が必要になるから「何も」できないのではなく、親の介護が必要となるかもしれないから、早く「何か」を始めなければならないのです。

## 妻の再スタートを阻む夫の濡れ落ち葉症候群

50歳を過ぎたから、「さあ私も何かしよう」と思っているうちに、夫の退職を迎える場合があります。そうなると今までの生活が激変します。毎日職場で1日の大半を過ごしていた夫は、時間ができて、妻と一緒に行動しようとする。夫はまるで、〝掃いても掃いてもへばりついてくる濡れた落ち葉のようだ〟という例えから「濡れ落ち葉症候群」という言葉があります。

地域でいろんな活動をしていて、居場所があり友人もいる女性に比べ、男性は退職するとすることがなくなり、手持ち無沙汰になって、妻と行動を共にしようとします。これを「わしも行く族」と呼ぶ人もいます。本人に悪気はなくて、長い間家庭を妻に任せきりにしてきたから、ここらで罪滅ぼしをしよう、新しい関係を構築しようと意気込んでいるのです。しかし、妻にしてみれば、今までの自分でつくり上げた人間関係や、社会活動に夫が入ってくるのは、うれしいより有難迷惑という感じでしょう。

もっと始末の悪いのは、「一国一城の主型」です。職場では上司として、管理職として大事にされてきた人が、退職してもまだ自分は相変わらず「偉い」つもりでいますが、仕える家来は妻ひとりとなります。今まで部下や秘書に大事にされていた人の中には、雑務は一切部下任せで、自分はレベルの高い仕事だけをしてきたという人もいます。自分ではコピーも取れない、パソコン操作も心もとない、出張の時は切符の手配までしてもらっていたので、何をするにも補助がいるという人です。大勢の部下の代わりを、妻ひとりに期待されては困ります。「お茶」「新聞を持って来い」「昼食は用意したか」「手紙を出しておいてくれ」などと、雑用をあてがわれてはたまったものではありません。彼にとって自分の許可を取らず部下が自由に外出したり、自由に活動したりするのはもってのほかです。定年後の夫による「夫源病《ふげんびょう》」の多くはこのパターンです。

そうならないためには、どうすればよいのでしょう。もちろん夫と話し合って妻にも妻の世界があり、夫の世話をし続けるわけにはいかないことを理解をしてもらうというのが正しい対策でしょう。それには根気がいります。自分の考えを曲げない人もいます。一番確実なのは、夫が退職する前に妻自身が、仕事でも、社会活動でも夫の踏み込めない世界を持つことです。「わしも行く」とついてくるのは、妻の活動は誰でもできることで、いくらでも途中参加ができる敷居が低い活動だと思っており、妻の活動を軽く見ているからです。妻が本当に責任のある仕事をしており、経済的報酬も、社会的報酬も得られていると、夫はその活動を尊重し、遠慮して踏み込んでこないものです。また、自分の収入がなくなるので、妻の収入があることを喜ぶでしょう。それでもプライドがありますから、夫の方から「働いてくれ」とは言いにくいものなのです。

仕事にしても、団体活動にしても、妻が片手間ではなく、しっかりと責任を持ってレベルの高い活動をしているのだと理解を求めましょう。それには、それだけの実績が必要です。夫が定年を迎える頃には、ひとかどの職業人、社会人として一目置かれる存在になっていたいもの。そのためには、夫の定年より少なくとも5年前、できるだけ早くやりたいことをスタートし、その分野で確かな地位を占めておくことです。

夫が退職してから、今度は私が仕事を始めようというのでは、夫に再スタートを阻まれることにもなる可能性大です。

# 新しいステージに入る母娘の関係

母親と娘の関係は女同士だけにとても密接な半面、それが重荷になっていろいろな葛藤を生じさせることがあります。

特に娘が10代から20代にかけては、母親が自分にできなかった夢を娘を通して果たそうとすることをプレッシャーに感じて反発することがあります。母親の期待に添えなかった娘が、罪悪感とないまぜになって母親に反抗したり、自分の将来に迷っている娘が、自分の理想通りでない母親を批判したり攻撃をすることもあります。逆に、母親の期待通りに生きた娘が、母親の圧力で本当にやりたいことができなかったと恨みを内向させたり、ほかの姉妹や兄弟に比べて、母親に愛されなかったという思いを長く引きずっていることもあります。

多くの場合は娘が大人になれば、遅くとも結婚し子どもが生まれたあたりから、和解が成立します。娘も、母親も、お互いを短所も長所もある、ひとりの女性として受け入れることで大人になります。母親も期待通りではなくても現実の娘の人生を受け入れ、子育てを助け合ったり、父親の介護を助け合ったりします。

アラフィフの女性の場合、娘との関係、母親との関係、両方が新しいステージを迎える時期です。娘は多くが20歳前後、まだ一人前ではなくても大学生、社会人になって親の庇護から離れ、徐々にひとりの人間として女性として独立し始めます。「困った時は助けを求めておいでよ」というメッセージは出しておきつつも、もう大人と大人の関係です。

娘に一方的に自分の期待を押しつけてはいけない、一方的に求められていないのに与えてはいけないと肝に銘じましょう。もう子どもではないのです。母親の都合で、寂しいから付き合ってもらおうなどと思ってはいけないのです。娘が無二《むに》の親友という状態から少し離れないと、娘が自立できなくなります。

大学進学の時期から親の家を離れるのが基本のアメリカと異なり、結婚までは親元に同居することが多い日本ですが、就職したら別居もひとつの選択肢です。娘が自立するためには、母親自身が自立しなければなりません。

## 新しい時代の親孝行とは

50代は、娘だけでなく自分の母親との関係も新しいステージに入り始めます。前述したように、70代は生活の上では自立して暮らせる能力を保っている人が大多数ですが、80歳を過ぎる頃からいろいろ故障を抱えるケースが増えます。

介護がすぐに必要でなくとも、親が精神的に子どもに頼るようになります。親が頼りになる存在でなく、自分を頼る存在になるのです。親が子ども返りして我慢ができなくなったり、感情的になって怒ったり、悲しんだり、イライラしたり、物忘れをします。親自身も自信をなくすとともに娘もその変化に戸惑います。

寂しいことですが、親の老いという現実は受け入れなければなりません。過去のいろいろな葛藤は水に流し、自分が優位に立って、弱くなった親を庇護する気持ちになるようつとめましょう。その切り替えがうまくいかないと、親の介護が精神的に重荷になって耐えきれません。その反対に、親が弱って自分を必要にするようになってはじめて、いろんなわだかまりが解けたり、かつては確執があったけれど遅まきながら和解が成立したりした、という場合もあります。

しかし、若い時からずっと同居していたのでなければ、弱ってから母親を引き取って同居するのは避けたほうが無難かもしれません。親も年を取り健康に自信を持てなくなると気が弱くなり、娘に頼ろうとします。自立していた人でも、同居を求めてくることがあります。それでも安易に全てを背負おうとはせず、励まし支えて、時には厳しく、在宅介護サービスも利用してできるだけ自立を続けてもらいましょう。いろいろな福祉サービスをアレンジし、自分以外にも兄弟や子ども、時には親類を巻き込み、人手だけではなく、金銭面でも支えてもらうようにチームをつくりましょう。自分ひとりだけで親の介護を抱え込まないのがよい関係を長く維持する秘訣です。

それでも、どうしても、親がひとりで暮らせなくなったら、よい施設を探しておいて入居してもらうしかありません。情報を集め、よい施設を見つけて、何度も足を運んで調べたうえで、親に入居してもらいます。そしてできるだけ頻繁に見舞いに行く、それが新しい時代の親孝行です。必ずしも同居するしかないというわけではありません。

# 人生の後半<br>50代からの男友だち・恋愛

男友だちには、女友だちとは違った楽しさがあります。自分とは価値観が異なる男性ならではの見方を示されて「へー」と感心したり、びっくりするのも楽しいですし、仕事や趣味の経験をそれなりに重ねてきた男友だちから、自分の知らない世界での話を聞くのも面白いものです。いくつになっても少年のように仕事や趣味に打ち込み、夢中でうんちくを傾ける単純さも、女性からはかわいく見えます。

残念ながら日本の男性は、なかなか成熟した女性の人間的な魅力をわかってくれないのですが、たまにはわかる人もいます。しかし、そうした友好的な関係は、あなた自身も話していて楽しく、話していて「へー、面白い」といった興味深い話など「与えるもの」を持っていないと、長続きしません。

男友だちと交流を持つのもよい刺激になるでしょう。男の友人はいない、という人はこれからつくってもよいのではないでしょうか。山歩き、スポーツ（自分が好きでないと無理ですが）、勝負ごと（麻雀、囲碁、将棋）など男性が多いサークルがおすすめです。なぜなら、数が多いから気の合う男性と出会う確率が高まるからです。短歌や俳句、ダンス、文学など女性が多い趣味のサークルなどでは、数が少ない男性が引っ張りだこです。同窓会や仕事がらみの勉強会なども、いろんな人と出会えます。小グループの会をつくったり、奥さんも巻き込んで旅行や食べ歩きをすると、より親しい付き合いができるでしょう。奥さんの悪口を言うような人は、魅力的ではありませんが、いつも奥さんと行動を共にしたがる人も〝濡れ落ち葉〟のようで面白くありませんから、難しいところです。

## 結婚という選択をする前に

お互い独身同士であれば、もしかしたら恋愛に発展する可能性もありますし、再婚のチャンスもあるかもしれません。50代の女性の中には、「もう私に結婚の機会はない」と思い込んでいる人がいるのですが、実は最近、50を過ぎてからの結婚が少しずつ増えています。例えば、親と同居していて結婚しないうちに介護に直面したという人が親を見送って、やはり家族がほしいと結婚する場合です。あるいは、長い間付き合った人と結婚した阿川佐和子さん（63歳！）のような場合もあります。私の友人で公認会計士のTさんは、最初の夫と離婚して20年たってから出会った高校の同級生と再婚しました。このように、50代以降の結婚にはいろいろなケースがあります。

人生は予測できないことも起こります。ないと思っていても、本当に好きになり、結婚まで進むということもあるかもしれません。男性はひとりで暮らすのが生活の面で不便だということもあり、そこそこ以上の資産がある場合、資産目当ての「後妻業」の餌食になる人もいるようです。

女性の場合、仕事があったり、経済的に不安がなければ、50近くになるともう結婚しなくても、今のペースで暮らしていくほうが気楽で楽しいと、考える人が多いようです。自分のライフスタイルが確立しているので、今から別の人と生活を共にするのは面倒だというのはよくわかります。また目が肥えて、いろんな男性の弱点や限界が見えてしまうので、恋心が抱けないという話もよく聞きます。それはそれでよき男性の友だちとして付き合えばよいのです。

今まで築き上げてきた生活を乱すのが嫌なら、別居婚、週末婚もありうるのではないかと思います。あるいは籍を入れない事実婚もひとつの選択肢です。注意すべきは、妻と死別して再婚を望む男性の中には、古い役割分担の意識が根強く、妻に家政婦さんのような役割を期待する人も多いことです。

ダメ男にひっかかるのも人生経験で面白い、という歳ではないので慎重に。たまには、お金が目当てという後夫業（！）的な人もいます。経済的に自立していない男性は、やはり危険です。くれぐれもこれが私の最後の恋、結婚する最後のチャンスなどと頭に血を上らせないことです。老人ホームでも三角関係のもつれから、刃傷沙汰になることもあるくらいです。冷静に相手の人間性を見極めましょう。

相手がそれほど好きではないけれど、寂しいから誰かと一緒にいたい、という動機が不純な結婚はおすすめしません。前に述べたように再婚しても死別・離別のリスクはついて回ります。そういう動機で結婚した相手の介護ができますか？

ひとりでも暮らせる経済的、精神的基盤を持ったうえで、50歳からの結婚や恋愛を考えるべきだと思います。

# 無理せず付き合える50代からの女友だち

アラフィフの女性にとって、家族に劣らず身近な存在となるのが女友だちです。

学生時代の友だち、結婚前に働いていた職場の友だち、ママ友、再就職先の同僚などのように人生のいろいろなステージで出会った友だちがいます。

その当時は同じ立場で、同じ問題を抱え、共通するところが多く、わかり合えた友だちも生活の場が変わると、微妙に話が合わなくなってきます。

古い友だちと何十年も続く友情は人生の宝と言われますが、宝は希少価値があるから宝なので、数はそんなに多くはありません。離れている時間が長くなると、いつの間にか疎遠になり、たまに会っても話が弾みません。いつの間にか会わなくなるというケースが大部分です。今はいつも顔を合わせている友だちでも、いつか疎遠になることもあると考えておきましょう。

そうした友人もすぐに切り捨てず、数年は年賀状のやり取りくらいは続けましょう。そのうちにどちらからともなく、連絡が途絶えていくかもしれません。その中で、久しぶりでも話が楽しく、また連絡を取り合ったりして、関係が復活する人もいます。

知人の女性３人組は、子どもの私立中学校のＰＴＡで出会って親しくなって以来、何かと助け合って、子どもが大きくなった後も友情が続いています。また別な人は、学校時代の友人といつの間にか疎遠になっていたけれど、同窓会で再会し、また友情が復活したと言います。

友人というのは、言うまでもなく双方向の関係ですから、こちらが大事に思っているだけでなく、相手も自分のことを大事に思ってくれないと成立しません。不思議なことにこちらがよいと思っていると、相手もこちらをよく思ってくれることが多いようです。でもそういう相手は少なく、時間が過ぎるとともに、友人は自然と少なくなって当然なのです。

ところが友だちがたくさんいるのが幸せ、豊かな人生なのだと思い込んでいる人がいます。友人と会うスケジュールがぎっしり埋まっていると充実した日を過ごしているように錯覚するのです。携帯電話番号をたくさん知っていたり、友だちの数が多いから幸せとは限りません。本当に気が合って、一緒にいると楽しい友人は、それほど多くないのではないでしょうか。

買い物や旅行を友人とするのは楽しいものですが、ひとり旅も自由で身軽なので、私は好きです。自分がひとりでいたい時はそっとしてくれていて、必要なときだけ付き合ってくれる都合のよい友人がいたらとてもありがたいですが、めったにそんな人はいません。もちろん自分の都合ばかりではなく、自分も相手の都合を尊重できるようにならなくてはなりません。助けを求められたらできる範囲で助けるけれど、できないことは安請けあいせずに断るという、大人の付き合いをするようにしましょう。

将来、仕事がなくなり、子どもたちも独立して、寂しい老後に備えて、友だちを今のうちからストックしておこうと考える人もいますが、その時はその時です。相手も境遇が変わるでしょうし、こちらも別の新しい出会いがあるかもしれません。それほど気が合わないし、尊敬もできない友だちを将来のためにキープする必要はありません。

基本は、ひとりでも楽しめることです。気の合う友だちがいれば楽しいけれど、いなくても寂しがらないこと。一緒にいる時間は短くても相手に対する好意をしっかり伝え、その時間を楽しく過ごすことです。

# 過ぎた不幸を嘆かない さらば！ たられば

「あの時、あんなこと言わなければよかった」「あの時にあっちを選択していればよかった」「あの時は大きなチャンスだったのに、見逃して惜しいことをした」というように、人生にはたくさんの「過ぎてかえらぬ不幸」があります。50年近く生きてきた人生で、「たられば」という、後悔を抱えていない人はいないでしょう。

誰のせいでもない、自分がしでかしてしまった選択は取り返しがつかないのです。削除キーを押して上書きするわけにもいきませんし、ゲームをもう一度やり直すリセットボタンもありません。タイムマシーンに乗って、その前の時間に戻るわけにもいかないのです。

しかも、それをいくら後悔しても事態は好転しません。失敗の思い出を引きずって、うじうじ思い悩んでいると、かえって状況は悪化します。

過ちや失敗は誰にでもありますが、その対応は人によって大きな差があります。過去の失敗を何度も思い出し、そのたびに繰り返し後悔し、自分はダメな人間だ、また失敗するかもしれない、と次の一歩を踏み出すことができない人は、過去の失敗にとらわれているのです。アメリカの企業幹部の男性は、自分が失敗しても落ち込んで過ごす時間は、1日半と言われています。次々と大きな案件を処理しなければならないため忙しく、過去の失敗にとらわれている暇がないのです。

過ぎたことをいつまでも悩んでいる人は、時間に余裕があるので、自分の失敗をゆっくりと思い返し、反省する時間があるからでしょうか、自分の失敗を1日半で忘れられるという切り替えの早い人は稀です。きっと1カ月半、時には1年半も落ち込むのではないでしょうか。過ぎてしまった失敗や不幸を忘れたり、落ち込みから回復する特効薬はありませんが、それに近い効果があるのは、次々と新しい何かを始めることだと思います。

失敗を思い出し、分析し、二度と同じ失敗を繰り返さないようにするというのは重要なことです。けれども自分がその失敗によって打ちのめされ、とらわれ、落ち込んでいては立ち直れません。

一通り分析し、反省したら、その結果を少しわきに置いて、気分を変えることです。悔やんで取り返しのつく失敗ならいくら悔やんでいてもよいですが、たいていのことが悔やんでも取り返しはつかず、嫌な気持ちになり、落ち込むだけです。気分を変えるには意識してほかのことをします。悩みや自己嫌悪は、「わきでゆっくり悩もう」と、そっとわきに置いておきましょう。

ほかのしなければならない仕事や、自分の大好きな活動に没頭しているうちに、失敗のつらさや焼けつくような後悔が薄らぐのを待ちます。不思議なことに時間がたつと、はじめはとても耐えきれない大きな失敗だと思っていたことも、何とかやり過ごしたことがわかります。耐えきれないつらさや苦しみも和らいでくるものです。

## 失敗や不幸から立ち直る術を持つ

50歳から前を向いて生きていくためには、今までの過去の失敗にとらわれないことが、不可欠です。誰の人生も100％成功ばかりで、失敗がないなんてありえないのです。

それでは自分の失敗でなく、相手のある失敗、本当に人生に大きな嘆きを与える不幸に直面した時はどうすればよいのでしょうか。人生何があっても動じない、と泰然自若で受けとめられる人間修養のできている人は別ですが、そんな人はほとんどいません。

知人に50歳近くなって夫から離婚を要求され、経済的にはよい条件で別れた女性がいます。結果的に家も自分のものとなったし、子どもたちも成人しています。それでも、一緒に長い間暮らした夫が自分と別れ、別の女性と家庭を持つというのは、大きなショックでした。住んでいる家には、夫との思い出がたくさん詰まっています。思い出すと怒りや寂しさ、悔しさがこみあげ、なかなか心が穏やかになりません。離婚によって夫がいなくなるだけでなく、一緒に暮らした日常生活や人間関係も失われたのです。「離婚を拒否すればよかった」「そもそも夫が別な女性と付き合っているのに早く気がつくべきだった」など、さまざまな後悔にさいなまれたそうです。

離婚でなく、死別の場合でも、寂しさ、もっとよくしていればよかったという後悔はあっても、離婚の場合、自分がこうしていればという「たられば」の後悔がより大きいでしょう。

しかし、「いつまでも帰らぬ過去を嘆いていては、次の不幸を招く」というのは、シェイクスピアの『オセロ』の中のセリフです。大きな不幸に見舞われた時こそ、力を振り絞って悩みの泥沼から抜け出すために、自分を励まし過去と別れましょう。思い切って、思い出の残る家から引っ越す、新しい仕事に就く、髪型を変えるなど、今までの環境から離れる努力をしてみましょう。過去の思い出に浸ってばかりにならないために、環境を変えるのはとても有効です。

離婚理由を問いただしたり、うまくいかなかった理由を詮索する心無い知人に傷つくかもしれません。しかしそうした人たちからは、少し距離を置きます。自分の過去を知らない人や、温かく受け止めてくれる人とだけ行動を共にするなど、自分の心を痛めつける相手から離れ、自分の心をいたわりましょう。

私がとても大きな試練に見舞われ苦しんでいた時に、故・田部井淳子さんはさりげなく山歩きに誘ってくださり、励ましてくださいました。不幸の中にあっても、少しおいしいものを食べたり、マッサージやエステを受けたり、自分の体をいたわったりして、体力を回復させると、気持ちも少し前向きになります。

年齢を重ねると、若い時に出合った苦労も失敗もよい経験だとみな言います。50歳を過ぎてからの失敗や不幸であっても、立ち直ることで、これからの人生にとってプラスにすることができ、乗り越えることは可能です。

## 自分らしく ひとりで生きる覚悟

結婚して子どものいる50歳の女性の多くは、家族として新しいステージを迎えていきます。もう少しすれば、子どもたちが独立し家を離れていきます。中年夫婦が「空の巣」に取り残され、そのうちにどちらかが亡くなり、ひとり暮らしになります。

女性の中には結婚しないで独身の人、離婚してひとり暮らしの人、死別してひとり暮らしという人も増えています。平均寿命の男女差から考えると、多くの女性は遅かれ早かれ、ひとりで生活する時期を迎えるというのが、現代の「女性の一生」です。

日本では、二世代前までの女性は、結婚するまでは自分の親の家族の中で過ごし、結婚したら夫と家庭をつくり、夫が亡くなったら子どもと暮らすと思っていました。女性がひとりで暮らすのは当たり前ではないと考えられていた時代に比べれば、ずいぶんと様変わりしました。自分で選んだわけではなくても、結果として、ひとり暮らしのステージを生きる女性が多いのです。

ひとりで暮らすことは、「心細く頼りない」「寂しく不便である」「何かあったとしても誰も親身になって助けてくれない」と思い込んでいませんか。一緒にごはんを食べてくれる人がいないと、料理をつくる張り合いもないとネガティブに考えすぎないようにしましょう。

何かあったらどうするか、それはいくら心配しても防ぐことはできません。防犯の備えをし、体調が悪くなった時の連絡先を決めておけばよいのです。そうした備えをしたら、それ以上の心配はストップしましょう。若い女性がひとり暮らしに憧れるように、アラフィフ以降のひとり暮らしも自分らしく、自由に生きるステージと積極的に受け止めましょう。そうすれば、これからひとり暮らしになったとしても、うろたえなくなります。

もちろん自分らしく自由に生きるとは、好き勝手な欲望を満たし、あるいは怠け心にまかせて無為に過ごすことではありません。自分の心や生活を自分がコントロールし、自分が選択した方針に沿って生きることです。

アメリカ人のシニア女性がひとり暮らしを、「自分の家の鍵を持つ生活」と表現していました。「独立して生活できる体力、気力、経済力があるから、ひとり暮らしができるのだ」という考え方です。確かに体力と気力がないと、ひとり暮らしはできません。

ひとり暮らしは寂しいかもしれませんが、自分で自分の生活をコントロールできる快適さがあります。何時に起き、何時に食事をし、何時に眠るか、何をするか生活時間を自由に決められます。ずっと子どもや夫の都合に合わせて生活するのに慣れ、自分がどういう生活をしたいか、考えてこなかった女性は戸惑うかもしれません。しかしそのうち何年かすれば自由な時間が、いかに快適かがわかってきます。それがひとり暮らしを乗り切る知恵になり、準備になります。

ひとり暮らしは、イコール孤独・孤立ではありません。ひとり暮らしの女性が孤立しないためには、人や社会と緩やかにつながりを保つ工夫が必要です。例えば、趣味やボランティアの団体に加わり、定期的に会合に参加する、子どもや甥や姪、いとこなど若い親族と定期的に会食する、施設に入ったひとり暮らしの先輩や親族を定期的に訪問するなど、積極的につながりを保ちましょう。自分から手紙やはがき、メールなどを発信する習慣も大事です。

体が不自由になり、ひとり暮らしができなくなって、高齢者施設に入るのはだいぶ先です。それまでひとり暮らしをできるだけ涼やかに楽しみましょう。

## 孤独を楽しむ準備

たとえ大家族の中に暮らしていても、心が通じず孤独なこともありますし、ひとり暮らしをしていても、ネットワークを持っていて孤立していない女性はたくさんいます。どちらのライフスタイルでも、50歳前後は自分の孤独と向き合うべき時期ではないかと思います。これから仕事を始める、親の介護をする、孫の世話をするといった、新しい繁忙期が始まる前に、今までのスタイルを一度リセットして、新しい自分と向き合い、新しい自分を発見する時期だからです。それには自分だけの孤独な時間を持つことです。

「いろんな用があると、何となく充実した時間を過ごしているように思う」「いろんな人と付き合っていると自分は好かれていると思う」というのは、実は幻想です。

友だちから声がかからないと、嫌われているのではないかと感じてしまう。ひとりで過ごす平日の昼や、家族が出払った週末の手持ち無沙汰な時間を怖いと思ってしまう。または、「おひとりさまは、老後だけでたくさん。若い時からおひとりさまは嫌だ、誰かと一緒にいたい」と、本当に好きでもない人と時間を共にするのは虚《むな》しいことです。それほど好きでも、楽しくないことでも、スケジュールが埋まっているとホッとし、何もないと不安になってしまう。これではまるで、いつもの友だちと一緒にいたがる中学生のようです。友人・知人がいつでも声をかけてくれるようにいい人だと思われようと考えていると、いつも人の意向を気にしていなければならなくなります。他人の評価や、友人の数、会食の数など他人との関係で自分の価値を測ろうとしないことです。

今まで多くの女性は、「いい人だと思われなくてはいけない」「よい母親にならなくてはいけない」「よい妻でなければならない」と自分で自分を縛り、相手の意向や都合に合わせる習慣に慣れて、自分ひとりの時間を持たないでいたのではないでしょうか。

50歳になったら、そろそろ自分の都合、自分のしたいことを優先しましょう。気の進まないことに誘われたら、少し勇気を出して、「ごめんなさい、予定があるの」と断ります。「お母さんは、毎週木曜日は夕食をつくれないから、みんな夕食は外で済ませて」と宣言するのもよいでしょう。

自分の都合で誘いを断っていると、友人からの声はかからなくなるかもしれませんし、家族が自分の世界を持つようになるかもしれません。ただそれを寂しく思うだけでなく、空いた時間で、前からしたいと思っていたことを実行しましょう。

もちろん、人生で家族も友人も大事な存在ですから、一緒にいる時間は大事にしなければなりませんが、一緒にいるために無理はしないようにします。高校生までの子どもは家族と食事をするように、できるだけ努力しなければなりませんが、大学生になったり、就職してからは彼らも自分の世界を持ち、自分の都合で行動します。できる範囲で付き合うようにするにしても、優先順位を変えましょう。つまり子どもの都合より、自分の都合を優先するということです。

意識してひとりの時間を確保すると、自分の孤独に慣れていきます。その結果、ひとりでいることに慣れ、ひとりでいる時間が怖くなくなり、ひとりでいる時間を楽しめるようになります。

私は読書をすることが大好きですが、人によっては自然の中にいること、音楽を聴くこと、体を動かすことなど、好きなことがそれぞれ違います。そうした時間を楽しむことができたら、自分が自分の人生の主になるような気がしてきます。それによって自分らしい次のステージに踏み出していけるのではないでしょうか。

# 50歳から再出発した先輩に学ぶ

約40年前、作家の瀬戸内晴美さんが得度して出家した時、彼女は51歳でした。恋愛のもつれなどいろいろな原因がおありだったようですが、その後の寂聴《じゃくちょう》さんのご活躍はみなさんもご存知の通りです。煩悩《ぼんのう》を断ち切ろうと出家されたのでしょうが、それによって新しい人生のステージが開けたのです。

私が長年存じ上げている広中和歌子さんも、それまで主婦として、また翻訳をしたり評論を書いていらした生活から51歳で転身、参議院議員に出馬、当選し、その後24年間国会議員として活躍されました。美容家として82歳の今日も元気に活躍されている小林照子さんも、会社を辞めて起業されたのは56歳の時です。

この方たちほど有名ではありませんが、長年外資系の企業に勤務していたTさんは、早期退職の後、51歳で趣味を生かして、外国人向けに茶道体験を提供するビジネスを始めました。今では、外国人観光客に人気を博しています。また、Kさんは50歳で大学院に社会人入学し、52歳で修士号を、54歳で博士号を取り、しばらく大学事務局で働いたあと、今は専任講師として教壇に立っています。

私自身も56歳で公務員を辞め、その後、大学で新しい人生を歩んでいます。正直、私も公務を離れた時は、「私はもう国の政策に携わることはない、社会の片隅でひっそり過ごすのだ」と考えていましたが、新たな仕事に出合い、新しい人との出会いにたくさん恵まれました。つくづく思うのは、前半の人生がメインで、後半の人生は余生だという考えは間違っているということです。後半の人生も長いので、単におまけでなく、そこでもひと仕事できるということです。

## 不安な内なる声を断ち切る勇気

もちろん、後半の人生は前半の人生から続いています。前半の人生で成し遂げた仕事が、後半の人生でも役に立ちます。前半で出会った友人は、後半の人生でも大事な友人です。

しかし、人生100年時代、後半の人生をスタートするにあたって、前半ではできなかった仕事に出合い、別の世界の人たちと出会うことができれば、新しい世界が広がることも確実です。

今いる環境が続けばよいと思っていても、必ず状況は変わっていきます。その時、それに押し流されているのではなく、自分で人生をコントロールするには、自分から新しいステージに踏み出さなければなりません。

例としてあまりふさわしくないかもしれませんが、妻子ある男性と恋愛して、結婚できないとわかっていても別れるのが怖く、ずるずると関係が続いているうちは新しい出会いがありません。しかしその恋に終止符を打つと、新しい出会いに恵まれることがあるものです。

新しい人生への第一歩を踏み出すのは、誰でも怖いものです。「先の不安はあるけれど今のままでいいんじゃないか」「何とかなるんじゃないか」、という内心の声を断ち切って、一歩踏み出す。その勇気に神様は、新しい出会いをプレゼントしてくださるのかもしれません。きっと仕事のうえでも同じことが起きるはずです。

前にも紹介した経済学者ドラッカーの、「現在の仕事が心地よくなってきたら、次の仕事に出発する時だ」という言葉を思い出してください。せっかく安定した居心地のよい場所をつくり上げたのだから、そのままそこにずっと居続けたい、と思うのが人情ですが、それに溺《おぼ》れるなということです。手慣れた仕事を繰り返していれば、苦労しなくても仕事ができますが、それでは仕事の面でも発展や成長はないし、本当にしたいことから目を背けていては、本人の人生も不完全燃焼で終わるということです。

50代は、過去から未来へ第一歩を踏み出す時期でもあるのです。

Message

過去に未練がましく
しがみつかず
新しいステージへ進む
準備をしよう

# 第５章

# アラフィフの人生を変えるマインドセット

# アラフィフ世代の未来を覗き見 データその5

## 25歳以上の学士課程への入学者の割合（国際比較）

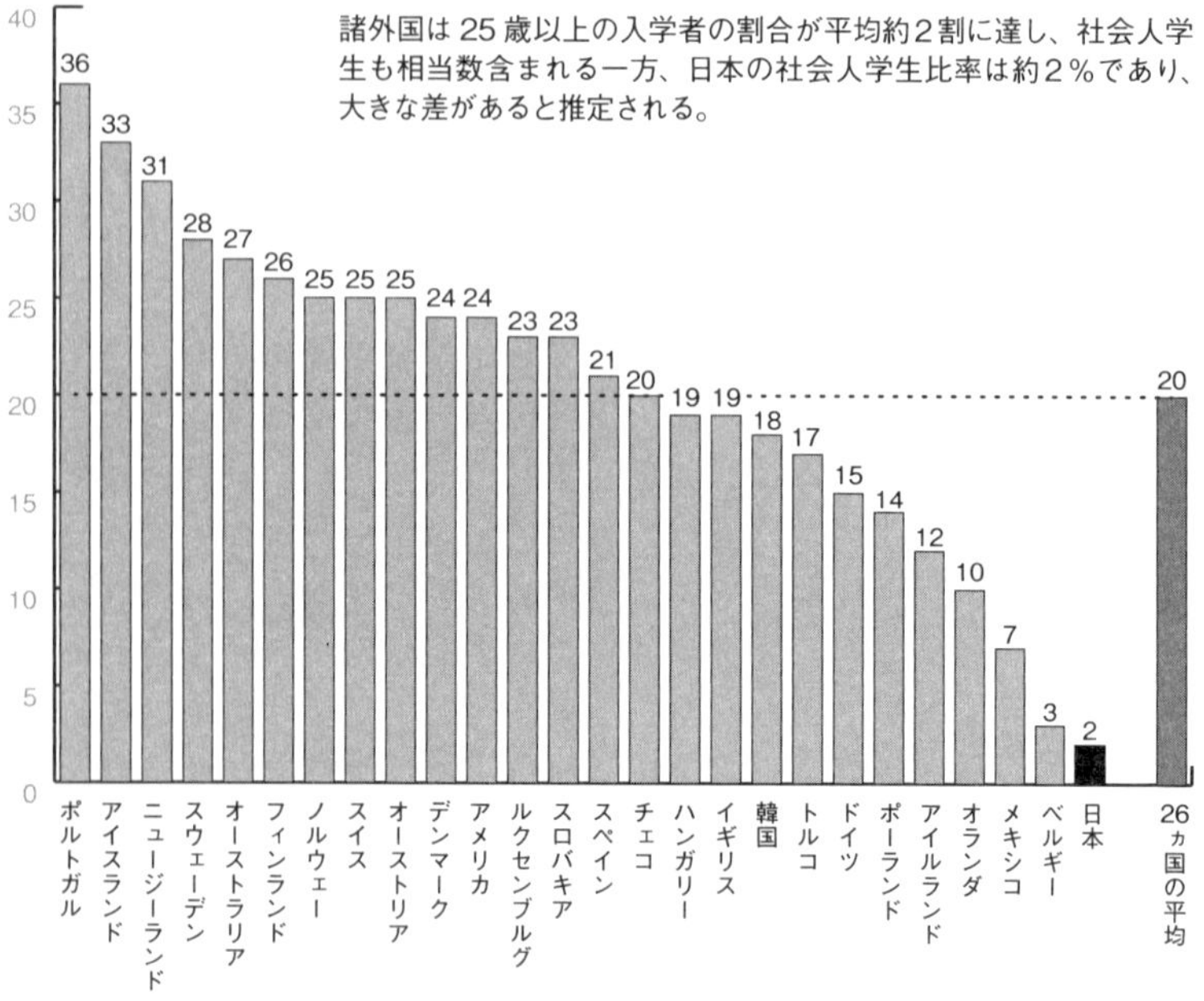


出典：OECD Stat Extracts (2010)
ただし、日本の数値については、「学校基本調査」及び文部科学省調べによる社会人入学生数

外国では「大人」が大学に行くのは
あたりまえなのに、日本は2%！

## 加齢と闘わない
## 脱・アンチエイジング

アメリカの女性月刊誌「アルーア」のミッシェル・リー編集長が、アンチエイジングという言葉は使わないでと宣言して話題となりました（2017年8月）。

アメリカでは、年を取ることを日本以上に否定的にとらえる傾向があるので、男女とも若々しく振る舞い、若々しく見えることを目指しています。彼女はアンチエイジングという言葉には、「加齢とは戦わなくてはならないもの」というメッセージがあると指摘していますが、私もまったく同感です。

いくらアンチエイジングの努力をしても、少しその歩みを遅くすることは可能かもしれませんが、加齢を押し留めることはできません。アンチエイジングという言葉には、加齢はよきものを奪う、失うというイメージがあります。それに抗う努力をすることは、後ろ向きの努力です。

日本でも、女性は若く見られることはほめ言葉ととらえ、いつまでもかわいい存在であろうとします。でもメイクやファッションも、年齢を重ねると微妙に似合うものが変わってきます。また、いつまでも若い時のままのファッションに固執していると、若く見られようと無駄な努力をしているのだと、かえって痛々しい感じがします。

私はいつもは学生の自主性を尊重するのですが、3年前の学園祭で学生の中から「ミス白雪姫」を選ぼうという「白雪姫コンペ」の企画が持ち上がった時だけはストップをかけました。私は白雪姫のお話こそ、アンチエイジングの典型であり、年を重ねた女性をネガティブにとらえる「呪い」だと思っているからです。「女性は若いほうが美しい、年を取るとみにくくなって意地悪になる」「女の子は警戒心もなく騙されて毒リンゴを食べたとしても、白馬に乗った王子様が助けてくれる」という、誤ったイメージを若い学生に与えると考えたからです。

もちろん、無形資産の「見た目資産」は大事にしなければなりません。ただ年を取るに任せるだけでなく、姿勢を正しくする、贅肉をつけないなどの有効な努力はするべきですが、無理に若く見られる無駄な努力はしなくてよいのです。しわ取り手術やリフトアップ効果のある化粧品がもてはやされていますが、50年も生きていれば、しわをまったくすことはできません。しわをなくすのでなく、よいしわを刻むような生き方、時間の過ごし方をし、年齢を重ねたからこそ、醸し出す落ちつき、豊かさ、聡明さ、寛容さ、温かさを身につけるようにしたいものです。

こういう魅力は、若い女性を好む多くの男性には、理解されないこともあるでしょう。男性がどう思おうとも、まず女性同士が、そうしたよい年齢を重ねている同性を評価し、尊敬することから始める必要があります。

## 年齢を味方につける

加齢によって得るのはしわだけではありません。経験、友情、自信、影響力など、よきものもたくさん得ています。

まだまだ若いものに負けてなるかと気負って頑張るのではなく、「自分には自分のやり方がある」と自信を持ったうえで、「頑張っている人を応援しよう、助けよう」という心意気を持ち続けることで、年齢はあなたの味方になります。

室町時代の初期に能の完成者であった世阿弥は『風姿花伝』という書を著していますす

が、その中で「時分の花」と「まことの花」という言葉を上げています。「時分の花」は、若い演者に自然と備わっている魅力で、少年の愛らしさ、青年の美しさや躍動感などです。その後、加齢が「時分の花」を奪っていっても、稽古を重ね、努力を重ね、試練に耐えることから、「まことの花」を咲かせることができる、と言っています。「まことの花」とは芸術的に完成した境地でしょうか。

私たちは能役者ではないですし、自分の芸で観客にアピールするパフォーミングアーティストではありません。それでも、若さの「かわいい花」だけでなく、年を重ね、自分の努力で、人間的な「まことの花」を咲かせたいものです。

# 「アイデンティティ」について考える

人生が長くなり、いろんなステージを経験するようになると、それを貫く自分らしさ、つまりアイデンティティは何か、改めて考えたり、迷う人も多くなります。

自分が人生で大事にしたいのはお金か、自由か、家族か、自分の能力の発揮か、社会を少しでもよくすることか、会社での地位や名誉か、考えてみましょう。多くの場合、すべてを手に入れることはできず、ある時はお金よりも自由を優先しようとか、家族のために自分の能力を発揮する機会を少し諦めるということはあります。しかし、ステージによって重点の置き方は異なります。それでも長い人生で何が譲れないのか、何のために自分は生きていくのかを自分の中で優先順位をつけておくことはとても大事です。あなたは、人に何によって記憶されたいでしょうか。家族、仕事、経済的成功のどれでしょうか。

長期的に追求したい自分の価値があれば、ある時期は家族を優先していくが、その時期が来たら社会をよくする活動に携わりたい。そのためにはお金を犠牲にしてもよいといった選択をすることができます。お金の余裕を持って自由に生きたいから、経済基盤ができるまでがむしゃらに働くという人もいます。その場合は、基盤ができたら、次にどんな生き方をしたいのかを心の隅に置いておくことが大切です。がむしゃらに働いているうちに、自分がしたいことは何だったか忘れてしまい、働くだけ、お金だけが目的になる人も多いのです。

人生が今ほど長くなかった時代は、自分の本当にしたいことなど考えず、ひとつの企業で勤め上げて、人生を全うすることができました。会社の中でコツコツと働いていれば、地位も仕事のやりがいも得られ、社内からは尊重されました。男性の多数派は、そのように会社が自分の人生を仕切ってくれる、悪いようにはしないだろうという人生観を思い描いていました。

でもそれからはみ出し、会社が仕切ってくれない人生を生きている女性たちは、自分は人生で何を大事にするのか、本気で考えなければなりません。今でもかなり多くの女性は家族や家庭はかけがえがなく、自分の人生の目的は子どもや夫との愛情に満ちた関係をつくることと思っているかもしれません。しかし、母親であることにアイデンティティを求めるのはよいですが、これは期限つきです。子どもの自立を妨げるものであってはいけません。子どもが18歳になるまでか、就職するまでか、結婚するまでか、期限をはっきり意識しておきましょう。「子どもは、結婚したら親類だ」ぐらいに思ったほうが賢明です。子育ての目標は、子どもの自立です。それよりずいぶん少ないでしょうが、夫とのパートナーシップを大事にしていきたいと考える女性もいるかもしれません。子どもと違って夫は自分の選んだ相手ですが、お互いの意思を尊重しましょう。長い人生で人は変わるのです。パートナーもあなたも長い人生で変わっていくと思いましょう。

お金を人生の目的にする女性は少ないのですが、お金は一定の基盤をつくったら、それをどう活用するか、社会のために使うのか、自分の自由のために使うのか考えておきましょう。自分の健康を保ちたいのか、趣味に使いたいのか、それとも贅沢な服や装飾品がほしいのか、自分の本当の心の中の声に耳を傾けてみましょう。

大事なのは自分の人生の目的を考えることで、横並びを考えたり、周りの人の反応を優先することではありません。人生の目的を達成するために、それぞれの時期に何をなすべきか、優先順位を考えて、ライフステージを変えていきましょう。

# 50代は難しいお年頃？

アラフィフの女性は、思春期の若者同様自分に対する評価が揺れ動き、時には卑下して、自信を失ったり、過大評価でうぬぼれたり、それに伴って自尊心が傷ついたり、肥大したりしている年頃でもあります。自分はもう若くない、美しくない、最新の知識やスキルがない、もう体力がなくてバリバリ働けないと、自分に自信が持てない時もあります。

一方、自分、あるいは夫がそこそこの学歴もあり、そこそこの収入もあり、経験を重ねてきているから、いろいろなことがわかっている、と自負していることもあります。自分の年齢や経験を尊重してほしい、自分や夫の地位に敬意を払ってもらいたい、と思うのはよしとして、以前に勤めていた大企業ほど有名でなく、経営も安定していない企業で働くのを恥ずかしいと思ってしまったり、自分より若く、経験不足の人の部下として働くのに耐えきれない、上司を自分の夫や子どもの学歴と比べてたいしたことない、と軽んじてしまうことはないでしょうか。

このような無用なプライドは、一歩踏み出す妨げになってしまいます。こういうやっかいなプライドを持つ女性と付き合うのは難しいので敬遠されてしまいます。新たなスタートを切る時には、このようなモヤモヤを心の中から追い出さなければなりません。

いくら長く生きていても、何を見てきたか、人によって違います。シェイクスピアの『リア王』の中のセリフに、「目が見えた時は、よくつまずいたものだ」というセリフがあります。私たちは、目が見えるから何でも見ているように思いますが、実は見れども見えず、表面だけ見て浅い判断をしていることがたくさんあります。長く生き経験していても、「何もわかっちゃいない」ケースも多いのです。人はありのままを見ているのではなく、自分の眼鏡、つまり思い込みや偏見を通して物事を見ているのです。50歳になっていても、人間や社会の表面しか見ていない人だってたくさんいます。

自分はいろんなことを知っている、経験があると自負している人は危険です。特に過去の栄光に誇りを持っている人は、ついその成功体験にとらわれ同じような生き方、働き方を続けようとします。しかし、環境は時々刻々《じじこくこく》と変化していきます。

過去の成功はそれはそれとして大事な宝としてしまっておき、年齢を重ねてから踏み出す新しいステージはゼロから始める心がまえが大事です。いろいろな経験をして自分の意見を持っていることは素晴らしいのですが、その成功体験にしがみついて、新しいことを学ぼうという姿勢が失われるのが問題なのです。特に新しいことを謙虚に知ろう、学ぼうという気持ちがなくなると、新しいステージで幸福に生きるのが難しくなります。新しい場に置かれると、昔は気がつかないで見過ごしていたことの意味がわかり、見えなかったことが見えてきます。それを楽しみましょう。

過剰な自信も持たず、過剰に卑下しすぎず、アラフィフというのはその点のバランスが難しい年ごろですが、それを克服するのはあなた自身です。誰も教え導いてくれるわけではありません。等身大の自分を受け入れることが本当の大人になるということです。

# 働き続けてきたあなたへ

１９８６年以降に新卒で就職した人たちは、男女雇用機会均等法世代と言われる人たちです。働き続けてきた人の中からは女性の部長、執行役員なども誕生し始めています。しかし、そうした機会に恵まれないまま役職定年、本当の定年を迎えようとしている人も多いでしょう。それは男性も同じで、大学を出ていれば全員が部課長になるという時代ではなく、管理職につかないで終わる人が多数派です。

職場での成功、不成功は、人間の価値とは直接結びつきません。成功した人は、もちろん一定の能力があったし、努力し業績を上げているのでしょうが、運がよかったという面もあります。成功しなかった人は能力がないわけでなく、いろんな巡り合わせで昇進しなかっただけなのです。女性の中には、業績を上げるような部署に配属されずアシスタント的な業務、後方支援の業務で働き続けてきたという人も多いはずです。

アラフィフ女性が再スタートする時には、この職場での物差しをリセットするのが重要です。職場では成功しなかったけれど人間的に多くの人から慕われている、いろんな趣味を持っている、教養人である、子どもに恵まれた、などいろんな「資産」を持っていたら、それを生かせば新しいステージが始まります。

## 今まで培った「人間的資産」を生かす

働き続けてきた女性の中には、家庭にいた女性のような時間の余裕に恵まれず、特別な趣味もなければ、料理など得意な家事もない、地域のつながりも少ないので、退職したら〝女粗大ごみ〟になってしまうのではないかと心配している人がいます。しかし、その心配は無用です。それは私自身にとってもひそかな恐れでしたが、全くの杞憂でした。男性に比べれば、職場だけにどっぷりつかっていませんでしたし、家事もこなしているので生活能力はあります。

第一の仕事が終わっても、まだまだ元気でしたし、やることはたくさんありました。ありがたかったのは長年働いてきたおかげで、そこそこの蓄えはあり、年金も一応長い間加入していたので、老後の備えは最低レベルですが準備できていたことです。子どもたちもまだひとりは学生でしたが、学費の目処はたっていました。あとは、自分で自分のお金を使えばよいのです。住む家はありますし、友人と食事したり、旅行したり、興味を持った展覧会やコンサートに行くことができる程度のお金もあります（もちろん、無駄遣いはできませんが）。

多かれ少なかれ、この経済的安定は、長年働き続けてきた女性たちの大きな「資産」です。そのほかにも職場でいろいろな困難を耐え忍んだ経験、立派な人と知り会えた経験、力を合わせて協力してきた同僚、後輩なども大事な「人間的資産」です。

ですから、これからステージを変える時にも、そうした資産があるのですから、それを生かしましょう。

経済的な備えがあれば、給料や報酬だけでなく、新しい経験をすることが楽しいかどうか、自分の成長を実感できるかどうか、世の中に役に立っているかどうか、という非経済的な基準で選ぶことができます。もちろん、これから年金制度がどうなるか、30年先、40年先のことはわかりません。収入があったほうがよいことは言うまでもありませんが、収入だけにこだわらなくてもよいので選択肢が広く、ワクワク新しいことを始めることができます。

中には、これから今までできなかった事業を起こし、大金持ちになろうと志す人もいるかもしれませんし、組織の一員としてではなく、芸術家や研究者など個人として認められる業績を上げたいと願う人もいるかもしれませんが、そう多いとは思いません。それより自分が本当に納得することができるのが、50歳からのスタートの強みです。

一番の問題は、自分が本当にしたいことがはっきりとわからないことでしょう。多くのアラフィフの女性は再びの自分探し、自分発見を迫られています。

# 50代の自分探し 自己認識の再構築

働き続けてきた人も、しばらく家庭にいた人も「さあ50歳、何かに挑戦！」と言われても、自分に何ができるかわからない、何がしたいかわからないという人が圧倒的に多いのです。何がしたいかわからないというのは、思春期や学生の時期だけでなく、新しい人生のステージに踏み出す時に必ず直面する課題です。それが人生で1回限りでなく、2回、3回と巡ってくるかもしれません。それが、「自分探し」（探索）の時期です。

多くの日本人は、子どもの頃から与えられた役割を忠実に果たしなさい、義務を果たしなさい、と言われて育ってきました。女らしく、男らしく、子どもらしく、学生らしく、そして××社の社員らしく、お母さんらしく、妻らしく。その役割から外れた自分は何ができるか、本当にしたいことは何か、真剣に考える必要はありませんでした。

アメリカや中国や韓国の高校生に比べ、日本の高校生の自己肯定感や社会有用感が際立って低いという調査（日本青少年研究所）がありますが、本当に残念なことです。しかしこれは高校生だけでなく日本人全体の特徴で、大人も自己肯定感、有用感が低く、アラフィフ女性もそれを引きずっています。

組織・会社から離れたら自分は社会で通用する自信がないから、組織・会社にしがみつくという男性はたくさんいます。女性は会社だけにどっぷりつかっている人は少なく、家庭・家族や友人や、何か別のつながりを持っている人が多いのですが、「私なんて、たいした仕事をしてこなかったし、外へ出ても何もできない」と、思い込んでいる人は多いと思います。マインドセットをどのように変えていくかが、アラフィフ女性の大きな試練であり、こうした自己意識の再構築は、再スタート前に越えなければならない課題です。

## 何がしたいかを自らに問う時間を持つ

自分は本当は何がしたいのだろう、人生で追い求めてきた価値は何なのだろう、ととことん考えてこなかった、答えを出すのが怖い、という人が大多数です。

それを考えるには、実は50代はリミットと言えます。本当は、就職する時、結婚する時、子どもが生まれた時、人生の節目節目で考えなければならなかったのを先送りしてきた結果が今なのです。もうこれ以上先送りはできません。きちんと今の自分と向き合うことが必要です。また、人生を生きてきて、「本当にしたいこと」も変化しているかもしれません。

そのためにはどうすればよいでしょうか。前に提案したように、ひとりで長期の海外旅行に行く、３カ月ほどまとまった時間を取り自分の内面を見るのも有効です。それが無理なら、１週間ほどの旅行でもいいでしょうし、参禅《さんぜん》や断食道場、何か空白の時間が確保できるイベントに参加するのも有効です。せめてパソコンやスマホを見ず、使わない時間をつくることです。それができないという人もたくさんいますが、それまで目を向けてこなかった自分の内面を見る時間をつくることは、新しいステージに踏み出すために必要です。１日のうち、何もしなくてよい時間を30分確保するだけでもよいのです。毎日が難しいようなら、週に1回でも自分時間を持ちましょう。

私自身も公務員を辞めて昭和女子大学に来てからの3年間ほどは、何をしてよいのかわからず、無価値な人間になったような気がしていました。その時にハーバード大学の研究員にしてもらえたのはとても幸運でした。その中で徐々に、自分はお金より、社会に影響を与えるのが好きなのだ、非営利の活動が向いているのだと自分の次のステージの姿が見えてきました。

1週間で、1カ月や数カ月で自分が見つかるわけではありません。しかし、答えの見つからない問題意識を持って過ごしているうちに、1〜3年で自分の次のステージが見えてくるのではないでしょうか。私は何をしたいか、50代はその問いと向き合う時期であり、期間を必要とする、自分探しの移行期と言えます。

## 自分を見つめ直し、得意を書き出す

職業人、社会人は、特別の修羅場を経験してひと皮むけて、人間的にもひと回り大きな成長していきます。左遷や病気など、つらい経験が新しい飛躍につながります。もちろん、修羅場で潰れてしまったり、左遷で挫折して成長しない人もいますが、危機は人を鍛えます。

人間はひとつのステージが終わると、混乱や苦悩の時期を経て新しいステージに踏み出すと言われています。新しい仕事について苦労しているうちは成長しますが、そのうち容易にこなせるようになると学ぶものがなくなります。それでも慣れ親しんだ仕事にしがみついていると進歩がなくなるということです。アラフィフ女性は働いていてもいなくても、母親業であってもそうでなくとも、新しいステップに踏み出さなくてはならない時期なのです。こういう段階になったら、自分を見つめ直さなければなりません。

マサチューセッツ工科大学のエド・カーシャイン教授は、

①自分は何が得意か

②自分が何をしたいか

③どのような自分が社会に役に立っていると実感できるか

この3つを書き出し、自分を見つめ直すことが大事だと言っています。

例えば、私は本を読んだり、新しいことを考え出したり、文章を書いたりすることが好きで得意ですが、人の顔色を読んだり、人に取り入ったり、自分を売り込んだり、駆け引きするのは下手です。細かい作業をきちんとこなすことや論理的な議論もそう得意ではありません。お金を稼ぐのは不得意ですが、社会的に役に立てば収入にはあまりこだわらないのは長所です。英語も一応は使えます。そうした自分の特質を生かすうえで、大学での仕事は結果として自分に向いていると思いました。

50代のあなたも、得意なことを書き出しましょう。人からほめられることを思い出してみましょう。「人をサポートするのが苦にならない」「手先が器用」といったあなたの気がつかない長所を、職場の上司、取引相手、ＰＴＡの役員の仲間、遠い親戚のおじさんが指摘してくれているかもしれません。

スキルや資格は目に見えますが、新しいステージに踏み込むうえで大事なのは、性格や適性、あなた自身の好みです。そして、自分で「やってみたい」「やれるんじゃないか」という意欲なのです。

# 「定年女子」への再キャリアのススメ

２０１７年のドラマ「定年女子」（ＮＨＫ）にも描かれているように、多くの女性は50代後半になると職場での居心地が悪くなります。もちろん人によって程度の差はあります。若い人たちにポストを提供しなければならないから、辞めてくれるのを今か今かと待ち望まれる人もいれば、もう少しいてほしいと思われる人もいます。その差は何によって生まれるのでしょうか。それは職場への貢献度と報酬によります。単純に言えば、貢献度より給料や待遇などが高いと辞めてほしいと思われるのです。逆ならいてほしいと望まれます。これは本人の罪ではないのですが、日本の多くの企業は年功でポストや賃金が決まります。同じ仕事をしていても若い人より年長者は給料が高くなり、またＩＣＴスキルも使いこなせない人が多い傾向があります。自分のもらっている給料の方が自分の価値より高いと会社のお荷物になります。

そうした自分の客観的な地位を認識しておくのがまず一番です。主観的には、私はまじめによく仕事をしてきた、事務処理能力では誰にも負けない、と思っていてもです。特に、職場の同僚や後輩と比べ自分の方ができると思っていても、それは客観的には証明できないし、周りからは「長く勤めていれば、当たり前だろう」と、それほど高く評価されていないことが多いのです。

## 再就職は社会貢献のひとつと考える

今は、それぞれの企業で定年を迎えた社員を再雇用する制度もありますが、定年を機に転職を考える方も多いでしょう。その場合は、そうした会社の中の序列、今までの実績などはリセットされるのだと覚悟しておきましょう。肩書きのついたポストはない、お給料はよくて7割、多くは半減すると覚悟しておくことです。

それは嫌だ、ばかばかしいから働かない、と考える女性も多いでしょう。男性の多くが定年後も嘱託や非常勤で働くのに比べ、女性が定年で辞める割合が高いのは、「妻子を養う収入が必要」という男性と比べ、家庭があってもなくても、経済的には何とかなると考える女性が多いからでしょう。

しかし私は、定年女子にも働くことをすすめます。それまで忙しく働いてきた女性は、定年後に生活を楽しみたいと思うかもしれませんが、時間のありすぎる生活は1年もたたないうちに退屈になってきます。男性でも、完全に「毎日が日曜日」になってしまうと、老け込む人が多いですが、女性も同じです。

老け込まないためにも経済的に必要なかったとしても、仕事を続けることです。疲れている場合は週2、３日の非常勤の仕事を持つと考えてください。安い給料でよいと言えば、仕事の範囲は広がります。例えば、多くのＮＰＯ法人や非営利団体は、事務処理をする人を求めています。安い給料でもよいといって、経理、連絡、会議の手配、議事録づくりなどをこなしてくれる人は引っ張りだこです。事務局長などの肩書きがついても、年収２００万円にならない団体も多いのですが、その趣旨に賛同できるなら、ぜひ支えてあげてください。

中小企業も人手不足で困っています。人手不足の中小企業には定年制度もないことが多いです。給料は大企業よりは低いです。100人未満の企業では経営が不安定ではないかと心配になるかもしれませんが、長く続けてきた企業は小さくても意外と堅実です。職業安定所で求人をチェックしてみましょう。もちろんネットの求人広告を調べてもよいのですが、こちらは比較的若者向けが多いようです。

人手不足と言えば、今なら保育士、そしてこれからも慢性的に足りないのが介護にあたる職員です。この職種はパートでも募集しています。きつい仕事ではありますが、人に喜ばれる仕事でもあります。こうした仕事を毛嫌いせず、社会貢献だという気持ちで始めてはどうでしょう。自分で介護ビジネスを提供する起業までした人がいますが、その人は最初は有償ボランティアのつもりだったそうです。

そして、定年後の就職で役に立つのは、前にもふれたソフト・ネットワークです。あらかじめ周囲に「自分はこういう仕事をしたい、こういう働き方をしたいので、いい働き口があったらよろしく」と、ふんわり頼んでおきましょう。自分から頼むのは恥ずかしいと思って黙っていると、あの人は引退して生活を楽しみたい、仕事はしたくないのだと思われてしまいます。「何が何でも、ぜひ」というのではなく、「給料は低くなってもかまわないので働きたい。私でお役に立てる適当なところがあれば紹介してください」という意思表示は大切です。

## 50歳からの政治参加のススメ コア市民になる！

町会議員、市会議員、区会議員、県会議員という地方の議員職に挑戦することは、アラフィフの女性にとって選択肢のひとつではないかと思います。昔は、地方議員というと地域の顔役、世話役、時には公共工事などに口利きする、利権がらみの仕事、派閥の駆け引きという男社会のイメージがありましたので、女性には畑違いの仕事、別の世界と思われてきました。

１９９０年代には、男女共同参画の推進や環境保全を訴えて女性たちが議員になろうという動きがありました。また２００５年の郵政選挙では〝刺客〟として多くの女性が立候補し国会議員に当選しましたが、長続きしませんでした。

２０２０年までにあらゆる分野で指導的地位にある人の30％を女性に、という目標は掲げられているのですが、まだ市区町村議員で12・６％、都道府県議員で９・７％、国会議員は15・7％（内閣府「女性の政治参画マップ２０１６」）という状況に留まっています。とても30％には程遠い数字です。これを見て「やっぱり女性には難しいのだ」「向いていない」と考えるか、「これから進出すべきブルーオーシャンだ」と考えるか、受け止め方は違うでしょうが、私はぜひ意欲と能力のある女性にはチャレンジしてほしいと思います。

地方の町や市では、今まで議員を務めてきた団塊世代が引退の時期を迎え、なり手がなくて困っています。高齢化が進み人口も減っている地方は財政も豊かでなく、市や町の議員報酬は10万円から20万円と低く抑えられています。この報酬では男性からは、「生活を支えることができない」と敬遠されがちですが、女性の場合は、低い報酬でもできる立場の人が多いのではないでしょうか。

また地方議員、特に市会議員、区会議員には暮らしに関わる課題がたくさんあります。保育所、ごみ処理、環境保全、街づくり、教育問題、高齢者福祉、消費者問題、エネルギー問題などについて行政の努力が足りない、もっと必要だと思っている人は多いはずです。自分が議員になれば、得られる情報量は飛躍的に増大しますし、行政は丁寧に対応してくれ、意見を聞いてくれます。市民からも頼りにされ、あなた独自の新しい視点を議会に持ち込むことができます。

「議員になれば、やりがいのある仕事ができる！」と思っても、議員になるための選挙は大変そうだからとても無理、と躊躇する女性も多いでしょう。お金がかかるのではないかという心配もあります。しかし、地域にもよりますが、立候補者が少なく１０００票も獲得すれば当選できる選挙区もあります。支持者を集めるための活動も、例えば、地元の中学や高校の同窓会やＰＴＡを中心にアピールする、ボランティアや市民活動の中で支持を広げる、ＳＮＳで仲間を募るというのも有効です。

選挙運動は確かに大変です。必ずしも選挙のプロに頼む必要はありませんが、事務処理がきちんとできる人、政策アピールや選挙の実務がわかる人に協力してもらわねばなりません。そして面倒がらず世話をして動いてくれる人とチームを組めば、選挙運動はできます。人前で演説するのは苦手だ、家族が協力してくれないなどと、言い訳をし出したらきりがありませんが、本人がやると決めれば周囲は態度を変え、協力してくれることもあります。

何がしたいか、何が目標かを考え、ぜひ実現したい政策があったら地方議員に立候補しましょう。少なくとも周囲から、「出てほしい」と言われたら、「とんでもない！」と断るのでなく、可能性を考慮してみてはいかがでしょう。

## 政治をサポートするコア市民の役割もある

自分自身が選挙に立候補し、政治家になる決心はつかなくても、政治家、国会議員や首長に影響力を与える存在になることはできます。

政治家にとって一番大事なのは選挙で当選することですから、政治家は選挙で自分を支持してくれた人たちを大事にします。当選回数を重ねている人、二世、三世で政治基盤が盤石な場合は、それほどでもないかもしれませんが、厳しい選挙戦を戦っている政治家は、支持者を大事にしないと次がないことを知っています。

政治家に影響を与えようと思ったら、その政治家を選挙の時に支持することです。単に投票するだけでなく、小さな集会に顔を出す、ボランティアとして選挙の手伝いをするなどサポート役を買って出ましょう。そういう顔の見える支持者は政治家にとって大事な存在です。そういう支持者の意見はむげにはできませんから、議員や首長本人は忙しくても、秘書や有力者を通して意見を伝えると、きちんと動いてくれます。

手紙やメールを出すのも有効です。もちろん、自分のプライベートな頼みの便宜を図るよう要求するのは慎まなければなりませんが、自分が重要だと思う案件についての意見を伝えるのは、住みよい地域をつくるためにとても大事です。そのためには自分でもその地方の政治案件、その政治家の行動についての情報を収集し、政策に関する自分の考えをまとめておき、意見を持ち行動する「コア市民」になるのです。

政治家の質が低い、もっと立派な政治家が出てほしいと嘆く人は多いのですが、自分の意見を政治家を通じて実現しよう、よい政治家を育てよう、よい政治家を応援しようと考え行動する人は多くありません。アラフィフ女性は、そうした「コア市民」になるには一番の適齢期です。

子育ての在り方、高齢者介護、高齢者の仕事づくり、地球環境問題、エネルギー問題、医療問題、このままでよいのか、どうすればよいのか、50代はいろんな社会的課題の当事者です。自分は考えなくても誰かが考えてくれるだろう、と丸投げするのではなく、自分の課題として、立ち向かってほしいものです。

# 人は人、自分は自分
# 心の断捨離®

人間は、どうしても他人のことが気になり、他人と自分を比べます。

若い時だけでなく、年を重ねてからも他人の生活が気になります。でも50歳からの人生を充実して生きていくためには、こうした気持ちを断ち、コントロールする習慣を身につけなければなりません。モノの断捨離だけでなく、心の断捨離®も不可欠です。

「あの人はあんなに成功しているのに自分は大したことがない」「自分はつまらない仕事をしているのに、あの人は華やかな仕事をしている」「あの人の夫は取締役になったというのに、私の夫は課長どまり」「あの人の子どもは名門校に進学したのに、自分の子どもは勉強する気もなくてさえない」…といったように自分だけでなく、家族まで他人と比較してしまい、心が波立ちます。

特に今はSNSなどに情報があふれているので、気にしなくてもよいような情報も入ってきます。それらの雑情報は意識して断つと心も乱されずに済みます。他人の幸せ自慢のブログやＦａｃｅｂｏｏｋは「ホントかな」と割り引きして受け取りましょう。

また世間には、「私はこれこれの方法で成功した」「頑張れば夢は叶う」「こうすれば必ず成功する」といったたぐいの本や情報があふれています。あたかも成功しないのは、自分の努力が足りないからだ、やり方が悪いからだと言わんばかりです。こんな情報に振り回されて、自分を責めてしまうのもばかげています。

どうしたら、「人は人、自分は自分」「自分が努力していれば、結果はどうであれ、それでよしとしよう」という気持ちになるのでしょうか。人間は自然に任せていると人をうらやむ動物ですから、意識してその気持ちを切り替える練習をする必要があります。年を重ねた今こそ、いろんな経験や知識が、それを補ってくれます。

長い間生きているのですから、若い時に大成功した人の幸運が長続きしなかった例をたくさん見聞きしているはずです。誰かがよいポストに就いても、２、３年で終わります。名門校を卒業しても、職場では成功しなかったり、お金はたくさん持っていても家族の心が離れ離れだったりします。一人ひとりを仔細に見ると、恵まれてうまく行っている光の部分だけではなく、うまく行かないこと、足りない影の部分が必ずあることが見えてきます。ひとりの人の光の部分だけを見て劣等感を持つのでなく、影の部分も見たうえで、「あの人も頑張っている」と受け止めましょう。

ドイツの文豪ゲーテは、若くしてベストセラー『若きウェルテルの悩み』を著し、経済的にも恵まれていました。ワイマール大公国の宰相を務め、最晩年の『ファウスト』に至るまで輝かしい人生を送ったとされている人です。それでも父親との対立や不和、妻の病気、長男の死などを経験しています。本人も自分の人生は努力・精励で埋め尽くされたと言っています。全体としては成功しているように見えても、細部は苦しみに満ちているのです。そうした不幸に見舞われても努力し続けた面に注目すると、別のゲーテ像が浮かんできます。

## 他人をうらやむ心から解放される方法

私のある知人女性は、キャリアでも成功していて何もかも完璧で、非の打ちどころがないように見えていました。しかし偶然、彼女に不幸な恋愛経験があったことを知り、遠い存在だった彼女のことが急に身近に感じられたことがあります。人間はみなそれぞれの人生の悩みと付き合い、それを背負って生きているのです。

欲しいと憧れていたブランドものでも、手に入れると「当たり前」になります。ありがたみを感じなくなり、さらにそれ以上のものを他の人が持っていると、不満に思うようになります。でもアラフィフ女性は、そんなことを繰り返していると決して幸せになれないことを、人はみな経験し知っているのではないでしょうか。他人をうらやむ心から解放されるには、簡単な方法があります。それはほかの人、特に身近な人の努力や成功を喜ぶことです。たとえ心の底からでなくても、必ず声に出して祝福しほめるという習慣を心がけるというのが、私のアドバイスです。よい言葉を発していくと、自分もそれに影響されます。「よかったね」「おめでとう」「私もうれしい」という言葉を意識して発しましょう。

もうひとつの方法は、自分自身がどれほど多くの幸運や助けに恵まれているか、日頃忘れがちですが、客観的に見わたして数え上げてみるのも有効です。「まあ足りないこともいろいろあるけれど、いろいろな人に助けられたな」「私もそこそこ頑張ってきたじゃないか、欲を言っても仕方がない」と思えるはずです。自分なりに、「とても無理だと思う厳しい状況や、悲しい出来事もなんとか乗り越えてきた」「失敗も今ではいい経験になっている」と思えたら、他人の成功を見ても、心が乱れなくなります。

「これ以上望まない」と満足して何もしないのではなく、「少しは他人や社会の役に立ってきた」と自分の今までの努力を肯定しましょう。また「やれること、やらなければならないことがあるのはよいことだ」と思うようにするのです。他人の成功を自分の物差しにするのではなく、自分自身が何をしたか、どう生きたかに関心を向けると、「人は人、自分は自分」と思えるようになるのではないでしょうか。

# 前向きにとらえ自分の選択を後悔しない

人生は、選択の連続であり積み重ねです。

その選択をしてきたのは他人ではなく自分です。50年近い人生を生きてくると、何かしら失敗や後悔はあるものです。失敗はどうしても他人のせいにしたくなります。「上司にすすめられたから」「親がこうしろと言ったから」「先生の指導に従ったから」…といったように、言い訳はいろいろありますが、最終的に判断して選んだのは自分です。

人は、あなたによかれと思って提案していても、それがどんな結果を引き起こすかまでは想像できません。例えば、親が学歴もあり、勤め先もしっかりしている男性を結婚相手としてすすめてくれたのは、親は幸福な人生には経済的安定が大事だと思っていたからです。自分の性格と合わなかったとしても、親はそこまでわからないのです。それでも、自分が違うと思えば断れたはずです。選んだのは、あなたの責任です。

人にすすめられて就職した会社を、上司とウマが合わず辞めてしまったという場合も同じです。すすめてくれた人にとってはよい会社が、あなたにとって合わなかったということです。金融商品を売る人も、損をさせようとして売りつけたわけではなかったら、予測しなかった事態になって損が出たとしても、そこまで想像しなかった、あなたの責任です。

何よりまずいのは、「あの人のせいでこうなった」と思うことで人のせいばかりにして、自分では前向きな努力をせず、諦めて何もしたくない気持ちになってしまうことです。人のアドバイスも信じられなくなります。

そうではなく、「自分もその時はそれでもよいと思って選んだのだ」と気持ちを変えるべきです。人を恨むより、自分の選択がなぜ間違ったか、また失敗しないためにはどうすればよいか、前向きに考えるようにします。自分の責任で選んだ相手なのだから、最善を尽くしてよい家庭をつくろう、自分が選んだ就職先だからここで頑張ろう、と考えを切り替えます。目先の損得や苦労よりも、別の視点やもっと広い視野で見た信念を持つことが大切です。

過去の選択も実際、100％間違っていたと思うことは少なく、その中でも、よいこともあったはずです。善し悪しの比がたとえ40％対60％、30％対70％だったとしても、その後の取り組みで自分の選択をよいものにしていくことは可能です。

例えば、事業を起こす場合でも、何でもいいからお金がほしい、苦労や努力は嫌だ、カッコよく見られたい、という自分中心のよこしまな動機では、よい選択はできません。どっちが自分にとって得か損かという視点で選択すると、うまく行かなかった場合に、損害を被っても自業自得です。

しかし、高い理想を持ち、世の中をよくしたい、これが多くの人の助けになる、役に立つと思って始めた事業は、うまく行かなくても、自分では納得できます。もう少し工夫してもう一回チャレンジしよう、という気力がわいてきます。信念を持って動いていれば、それに共感し協力してくれる人が出てきます。

あちらを選択していればよかった、こうしていればという後ろ向きの後悔を繰り返していると、自信がなくなり、50歳以降の人生は何もチャレンジしたくないということになりがちです。過去の選択の結果を後悔するより、選択の動機を検証し、それが間違っていなければ、もう一度チャレンジすることで新しいステップが踏み出せます。

# これからの人生を自信を持って生きる方法

私たちはとかく自分の人生をゼロ（失敗）か100（成功）かと考えがちです。実際にはその中間、「失敗もしたけれど成功もした」「いいこともあったが、悪いこともあった」だったはずです。これからの後半期の人生を考える時も、オール・オア・ナッシングで考えるのではなく、何がより現実的で実現可能かを見極めながら、小刻みに目標をセットしながら進んでいきましょう。

漠然と「充実した幸せな人生」を目標とするのでなく、若い時と同様、長い道のりの途中で2、3の小さな目標を決めます。さらに「今年はこのステップを実現する」「来年は、ここまでする」といったように具体的な達成の目安を設定し、実現のために努めるほうが、より現実的です。

例えば、「3年以内に年収100万円のビジネスを起業する」「2年後に司法書士の資格を取る」「来年は短期留学する」など目標をいくつか挙げます。それぞれの達成に向けて、現実的なマイルストーンとなるものを設定します。そしてそれを成し遂げたら、自分をほめましょう。当然ながら、目標の中では達成しやすいものと、そうでないものがあります。達成しやすい目標から始めると、成功する確率は高くなります。

私は学生たちに、小さな成功が自信につながると言っています。小さなプロジェクトに加わって、「最後まで頑張った」「よい成績でこの単位を取った」といったようなことでよいのです。さらにちょっと難しいかなと思うことを成し遂げると、その喜びはさらに大きくなります。これは、アラフィフになっても同じです。どんな小さな成功でも成功すればするほど、「自分もまだまだできる」と勇気づけられ、次により多くのことに挑戦しようとするエネルギー源になります。

実際に自分を勝たせることで、勝利のパターンをつくることです。これは試験の時に、手ごわい問題は後回しにして、さっさと片付けることのできる問題から手をつけるのと同じ効果的な戦略です。当然ながら、できる問題を解かないうちに時間切れになってしまうとよい成績は取れません。人生の持ち時間は限られているのだから、まずできることから積み上げていくのが肝心です。始めた途端に失敗すると意欲が失われるので最初の目標設定は大事です。大きい夢を描くだけでなく、現実的な目標、やればできる（やらねばできない程度）目標、達成してうれしい目標をセットし、チャレンジしましょう。

## 自分の強みを把握して、その力を発揮する

失敗してすぐ諦める人は、他人の言葉や成功事例に幻惑されて、自分ができること以上の大きな目標を設定してしまったのかもしれません。「朝5時に早起きすると充実した毎日が送れる」と本で強調されていても、自分の生活パターンから6時半がよいと思えばそれから始めればよいのです。

まずは何をしたいのか、大目標を書き出し、そのためにやらねばならない具体的な行動を書き出してみましょう。例えば、会計の資格を取得したいならどういう勉強方法があるか情報を集めてみるのです。各種学校へ入るとしたら、費用や時間はいくらかかるか、インターネットで学ぶとしたら1日何時間、1週間に何時間勉強しなければならないのか、具体的に書き出しましょう。そして簿記3級、2級と少しずつ進んでいくのです。

華やかな成功をはじめから狙うと、本来できること以上のことをしなければならない

というプレッシャーに負けてしまいます。

自分にとって必要なことを、必要なペースと方法で行うことに集中しましょう。その際には、歳を重ねて得られた自己認識の能力と、自分の強みを生かすことが大切です。自分は社交的なのか、コツコツ型か、一発全力投球型か、チームプレー型か、過去の経験から学んでいるはずです。「ウサギとカメ」の寓話のカメのように、自分の特徴を把握し、その強みを発揮できるようにゆっくり着実に進めば目標を達成できます。「試合は、終わるまでは終わりじゃない」のです。そして、試合は始めないと勝てないのです。人生も同じです。

「もう遅い」と諦めてしまうのではなく、50歳は次のステージの出発点だと人生観を変えましょう。ライフシフトです。「探索」の50代に新しいステージに踏み出すと、「実り」の60代、70代を迎えることができます。そして80代のもうひとつのステージに入る苦しみを乗り越えることができるのです。

Message

一歩踏み出すことが
新たな課題を
見つけるきっかけに
なるはずです

**参考文献**

『ＬＩＦＥ　ＳＨＩＦＴ（ライフ・シフト）』リンダ・グラットン（著）、
アンドリュー・スコット（著）／池村千秋（訳）／東洋経済新報社

**年表出典**

・生涯未婚率：厚生労働省『平成 27 年度版厚生労働白書』
・出生数：厚生労働省『平成 28 年人口動態統計』
・女性の 50 歳以上の人口：河合雅司『未来の年表　人口減少日本でこれから起きること』（講談社現代新書）
・65 歳以上の人口：内閣府『平成 24 年度版高齢社会白書』

**（クレジット）**

P200 「断捨離」はやましたひでこ氏の登録商標です

# あとがき

これから40年先の日本社会はどうなっているのでしょうか。

日本だけでなく、世界的規模で大きな変化が始まっています。人口爆発、地域紛争、ＩｏＴ、ＡＩ（人工知能）、地球環境の変化、気候変動、日本でも少子高齢化、人口減、国債残高の膨張など、深刻な問題を抱えています。

皆さんは、Volatility（変動）、Uncertainty（不確実）、Complexity（複雑）、Ambiguity（曖昧）の頭文字をとった「ＶＵＣＡ」（ブーカ）という造語を耳にしたことがありませんか。ＶＵＣＡとは、従来の常識や概念が通用しない先の読めない時代を象徴する言葉です。ＶＵＣＡ的な世界でアラフィフの女性たちは、これからどのように生きていけばよいのでしょうか。いつまでも健康で活動できるか、離婚が増加する中で夫婦の関係はどうなるのか、子どもたちを自立させるにはどうすればよいのか、年金、医療、介護などは頼りになるのか、などと心配はつきません。

その中ではっきりしているのは、「誰かのせい」と責任を押しつけたり、「政府」「会社」「夫」「子ども」が何とかしてくれるだろうとあてにしたりできないということです。幸せな人生を送りたいのなら、自分が何とかするよりほかありません。このまま何もしないのは不安だけれど、行動するにしても、「何をしていいかわからない」「いまさら何もできない」と言っている場合ではないのです。言い訳はやめましょう。

「ぼんやりした不安」から抜け出すには、行動を起こすしかありません。この本ではいろいろな角度から、言い訳をしている場合ではないことを示し、マインドセットを前向きに変えるように提言しています。

こうした提言が「ぼんやりした不安」のさなかにあるアラフィフ女性たちに自信と勇気を与えることに、いささかでも役に立てばと願っています。

この本は長年雑誌の取材などを通じて信頼を培ったメディア・ビューの酒井範子さんの温かい提案と支援により生まれました。出版を引き受けてくださった法研の市田花子さん、そして、私の周囲で誠実に生きる多くのアラフィフのみなさんに心から感謝いたします。

2017年　晩秋

坂東眞理子

著者
坂東眞理子（ばんどうまりこ）
昭和女子大学理事長・総長。1946年富山県生まれ。東京大学卒業後、総理府に入省。ハーバード大学留学を挟み、統計局消費統計課長、埼玉県副知事、在豪州ブリスベン総領事、総理府男女共同参画室長、内閣府初代男女共同参画局長を務め退官。昭和女子大学教授、副学長などを経て同大学学長に就任し、現職。女性の生き方や働き方に関する著書が多く、『女性の品格』『親の品格』（PHP新書）がベストセラーになる。

言い訳してる場合か！
――脱・もう遅いかも症候群

平成29年12月30日　第1刷発行

著　　者　坂東眞理子
発 行 者　東島俊一
発 行 所　株式会社 法 研
〒104-8104　東京都中央区銀座1-10-1
販売 03(3562)7671 ／編集 03(3562)7674
http://www.sociohealth.co.jp
印刷・製本　研友社印刷株式会社

0123


ISBN 978-4-86513-438-4 C0095　定価はカバーに表示してあります。